歴史の中で語られてこなかったこと

おんな・子供・老人からの「日本史」

網野善彦　宮田 登

朝日文庫

本書は、二〇一二年六月に洋泉社歴史新書yとして刊行されたものです。

歴史の中で語られてこなかったこと ● 目次

第一部　歴史から何を学べばいいのか？　9

第二部　歴史研究家と民俗学者の対話（一九八二〜一九九五年）　161

歴史の中で語られてこなかったこと

おんな・子供・老人からの「日本史」

第一部　歴史から何を学べばいいのか?

【1】歴史からヒントを得る〝文学や映像の世界〟

映画『もののけ姫』をめぐって

網野 最近、これまで僕の講義に出てきたことのないような、チャパツの男子学生が神奈川大学の私の授業をえらい真面目に聞いてるんです。どうもこれは僕の談話が映画『もののけ姫』のパンフレットにのった影響らしい(笑)。

宮田 僕は、あの映画はちゃんと並んで観たんですよ。「有楽座」で観るはずでしたが超満員ではみ出しちゃった。しかし、案内があって「スバル座」の方へ入れてくれました。

網野 宮田さんなら、上映前から「これは観なくては……」と思ってたでしょうね?

宮田 僕は、「もののけ」ってお化けかと思って、それで観たいと思いました。

網野 題名から勘違いしたんですか?

宮田　そしたら中身はぜんぜん違う。「網野史学」を演劇化したものだった（笑）。

網野　それは誤解ですね。実際、そんなことはないでしょう。

宮田　いろんな反応があるようですね。いちばんまともな反応は、われわれ日本人の多くは「平地民」で、しかも農民系統の文化の世界に生きている。それが、単純にいってしまうと「山民（さんみん）」の世界を舞台にした場合、平地民から見た山の文化は、「山」に対する憧れや畏怖がないまぜになって複雑な感情を呼び起こす。現実の都会の生活や農村はもう崩壊していますから、山の奥にはまだ何かある、という憧れのイメージが生まれる。山民の世界はもう現実にないわけですが、あることを想像し美化する。山民の世界への憧れから、何かを引きずり出したいという意識があり、『もののけ姫』は国民的映画になったと思います。この見方はけっこう当たっていると思いますね。

マイナスの評価は、はじめて観ると筋がよくわからないのと、登場人物の関係が明確でない、ということでしょうか。さらにアピールのしかたがやや弱いこと、つまりメッセージ性が今一歩ということが指摘されていますね。しかし、それにも増して素人目には、画面の美しさ、素晴らしさが印象的でした。

網野　今の宮田さんの御指摘は当たっていると思います。宮崎駿（はやお）さんと『潮』（一九九七年九月号）で対談をしたときに、いろいろな話が出ました。宮崎さんは、農民と武士しか出てこない、これまでの時代劇的な舞台設定を意識的にカットしたと言っておられました。わずかに、公方様や武士が出てきますが、あれはわき役でしかありません。ですから歴史研究の玄人が観ると、よく舞台装置を整えてるな、という感じを持つわけです。
まず、蝦夷の世界から話が始まり、タタラ（蹈鞴）場は都市のように描かれている。しかもそこには女性や非人、そして牛飼いまでが出てくる。山林には森の精霊が現れ、ダイダラボッチまで出てくるわけです。とにかく玄人が観るとよく勉強してやってる感じがしましたが、素人が観たときにこれがどれだけ理解できるか……。

宮田　モザイク的に、すべての要素が有機的につながっているということは、よほどその背景の歴史的知識を持っていないとわからないでしょうからね。

網野　私は「玄人」だから、「ああ、こういう配置をしているな」ということが読めてしまいます。しかし、子供たちがこの映画をどう観るのか、私はたいへん興味深かったのです。聞いてみると「よくわかんない」と言う。だから二度、三度観にいく。そうしたケースがすごく多いらしい。

宮田　記録的な動員数はそうした結果だったんですね（笑）。

網野　飲み屋で、編集者と『もののけ姫』の話をしていたら、料理を運んできた若い女の子が私たちの側を動かない。「『もののけ姫』とどういう関係があるのですか？」と言うから、逆に彼女に聞いてみたらやはり二回観ている。しかし内容はよくわからなかったらしいですね。

体に布を巻いた人たちが出てきますが、彼らがハンセン病に罹(かか)った被差別民であることなど、わからなかったでしょうね。

宮田　彼らが非人であったことなど知るよしもないでしょう。

網野　神奈川大学の経済学部の講義のとき、学生に「どういう病気かわかる？」って聞いてみたら、わからないのが四、五人、わかった学生が一人か二人。「非人」なんてのはぜんぜんわからなかったようです。彼らはエボシ御前のところで鉄砲の原型のような石火矢を作っていましたね。

宮田　実際こういう集団は中世に実在したんですかね？

網野　いや、いないでしょう。これは創作だと思います。しかし彼らの姿は、完全に非人のスタイルですよ。

宮田　唐傘(からかさ)を持ったジゴ坊は、『融通念仏絵巻』に描かれた異形(いぎょう)の人たちがモデルになっている。

網野　ジゴ坊は、唐傘を持ち高足駄を履いた婆沙羅(ばさら)を図像的にも模倣していますが、「悪僧」の姿といってもいいかもしれない。エボシ御前の姿は、遊女か白拍子(しらびょうし)をイメージしているらしいですね。宮崎さんもそう言ってました。

山の神は女でしたよね？　金屋子(かなやご)明神も女でしょう？　しかし山の神はあまり綺麗じゃないはずです。

宮田　タタラ場や鍛冶、鉱山など山民たちを守る山の神は一般に女性神です。あのエボシ御前は美女に描かれていますね。

網野　対談の直前に、たまたま山本ひろ子さんの論文を読んでいたら、金屋子明神は白鷺に乗って飛んでくるということを知りました。カッコのいい面もあるようです。宮崎さんにそういうことを知ってたかと聞きましたが、それは知らなかった、しかし、山の神はあまり綺麗な神じゃないけれども、どうせ出すなら美人にした方がいい、ということでそうしたと言ってましたね（笑）。

タタラ集団・巫女・エボシ御前

網野　ともかく、宮崎さんないしその周辺のプロデューサーの鈴木敏夫さんなどが非常によく勉強して、その成果の上に先ほど宮田さんがおっしゃったようなイメージで、つまり平地を切り捨て、山地や森に舞台を設定した。さらに「山林のアジール」と、タタラ場の都市のアジールとを対立させることになっています。意識的にこうした場面を設定したらしいですね。

宮田　タタラ集団の所在地は山中で、砂鉄や鉄鉱石の鉱脈がなければいけない。そういった場所に都市を建設することが可能な立地条件だとすると、湖の畔（ほとり）しかない。

網野　もちろんこの映画は創作で、あんなに多くの女性集団が山の中にいることはちょっと考えられないですね。

宮田　それも、女房中心でしたね。

網野　ただ、タタラ場の周辺には女性がたくさんいることもあり得ると思いますね。今も掘ってますが、現在の島根県にある石見（いわみ）銀山の周辺には鉱山町ができて都市が形成されていています。慶長ごろ（十六世紀末〜十七世紀初頭）の院内銀山（秋田県）には傾城（けいせい）（遊女）や鍛冶屋やたばこ屋の集住する町ができあがっていましたから、これはまったくあり得ない話ではありません。ただ、女性だけでタタラを踏むことはないでしょうね。

宮田　タタラの集団や鍛冶屋の信仰は、大分の国東（くにさき）半島にある宇佐八幡信仰の源に当たるらしい。国東半島には「六郷満山（ろくごうまんざん）」の修験道（しゅげんどう）が入っていて、その周辺の山民集団は仁聞菩薩（にんもんぼさつ）を崇拝していた。その仁聞菩薩の縁起を見ていくと、最初は女性神なんです。その女神に仕える巫女（みこ）は、朝鮮半島との関係からシャーマンとして位置づけられていた。八幡はヤハタとも読みますが、朝鮮半島との関係で出てくる外来集団を指しています。

　彼らは六郷満山のような山岳を支配し、そのトップにシャーマン的な女性を置き、その下に鍛冶の翁（おきな）がいる。翁はもちろん男性で、それを原型とした修験者が集まり、天台系の寺院を造っている。神仏混淆の世界を基本に、非常にまとまりのある集団だった。『もののけ姫』を観ていて、なんとなくそういう世界を想像しました。古代の修験たちは朝鮮半島と往来していて、仏教公伝よりもはるか以前に日本列島に入っていた。つまり、密教的あるいはヒンズー的な呪術を持った集団が、頻繁に半島と列島の間を往復していたわけです。そして彼らが、山間部に入って王国を作り上げる条件があるとすれば、製鉄業を基盤にしてもおかしくない。最近の研究では、古代吉備の国は製鉄の技術を持った渡来人の子孫が作った国だったようですね。

製鉄のためには、山の木々を大量に伐採し山を破壊する。地域開発センターのタタラ場のまとめ役のエボシ御前は、山の世界を守ろうとする山の精霊たちとの戦いの先頭に立つ。一方で彼女はあらゆる職能集団を包括し、平地民にとっては桃源郷のような理想の土地を作ろうとする。

柳田国男の『遠野物語』は、山人集団の存在を想定し平地民を震撼させた。同書のマヨイガ伝説は、山中の隠れ里を彷彿させ、平地民に山人たちへの憧れと畏怖の念をイメージさせていた。『もののけ姫』には、大勢の登場人物がいますが、人気投票をしたら、おそらくエボシ御前がトップになるのではないでしょうか。

網野　しかも被差別民を集めたところは、「考えたな」という気がしました。これについては、どこからも抗議されることはなかったそうです。私は、この映画のパンフレットの文中で私の意見としてはと断って「非人」という言葉を使ったのですが。

宮田　この映画の舞台はやはり中世ですか？

網野　中世後期を素材にしたことは確かです。宮崎さんもそう言ってました。

宮田　主人公の一人であるアシタカという少年は蝦夷の血をひいているということになっていますが、中世後期に蝦夷がいたんでしょうか？

網野　実際はいないでしょう。もうアイヌだったはずです。しかし柳田国男が若いころに行った東北の『遠野物語』の世界を連想できます。

宮田　強いていえば、焼畑民や狩猟民も登場しているはずですね。

網野　マタギもいますね。そういう意味では、ともかくよく勉強されて、総合的に映画のイメージを作っているのには感心しますね。

宮田　学生たちにこの映画の印象的シーンを聞いてみますと、いきなり冒頭にタタリ神になった巨大なイノシシのすさまじい突進があり、イノシシの全身にヘビが絡み付いた場面が強烈だったようです。

網野　あのときの音響と映像は凄かったですね。

宮田　体が腐っていくような感じになる。

網野　そのタタリ神に矢を撃ち込んで殺してしまった蝦夷の少年の腕にヘビが巻き付き、アザとして残る。

宮田　タタリを象徴するスティグマ（聖痕）になるわけですね。

網野　そうです。

宮田　ほっておくと、そのアザが全身にじょじょに拡がっていく。

網野　その少年は、タタリ神を倒したことで、最後までその業から逃れられない。そういう意味では、確かに救いはないわけですね。少年が自然に敵対するものの側に立ったびに、腕のアザがギリギリと締めつける。

宮田　タタリ神による「しばり」ですね。

網野　しかし、そのスティグマとしてのアザは、この映画の最後で自然と人間の共生を確認するシーンでも消え去ってしまわないのです。つまり、救われてはいない、解決されていないわけですね。そこにこの映画の魅力があるのでしょう。

大きな歴史の転換期と「歴史小説」

網野　『もののけ姫』もその一例ですが、このごろ文学や映像の世界が、民俗学や歴史学の研究成果をもとに新たなイメージを作り出すことが盛んに行われるようになってきましたね。

　最近読む機会があった三島賞の候補にもなった飯嶋和一さんの『神無き月十番目の夜』（河出書房新社、小学館文庫）もその一例かもしれません。

宮田　江戸初期に、現在の茨城県にあった兵農分離がなされて間もない村が、徳川に反抗したことから一村全滅させられてしまった。

網野　中世の自治的な村の伝統が、幕藩体制を作ろうとする徳川氏の力に押し流されてしまうということでしょうが、水戸藩の正史からも完全に消し去られた事件を掘り起こし、歴史小説に仕上げています。

宮田　タイトルの「神無き月十番目の夜」は、十月十日のことですが、民俗学では「十日夜（とおかんや）」といって、収穫祭をメインにする興味深い行事が行われます。

網野　著者もそういうことを知っているのでしょう。私が歴史学の影響に気がついたのは、最初にアジールとしての山林が出てきたことです。

宮田　地蔵森といいましたか？　郷には村の決め事をする聖なる場所が必ずある。

網野　その聖地に統一政権が土足で入り込んでくるわけです。

宮田　この本の時代設定はいつでしたか？

網野　それが面白いことに、『もののけ姫』とほぼ重なるんですね。亡くなった隆慶一郎（りゅうけいいちろう）さんも戦国時代から統一政権が成立するところに作品の時代を設定しています。

宮田　その時代は、大きな歴史の転換期だったわけです。

網野　隆さんは戦国時代まで「表の世界」で生きていたものが、「裏の世界」に押し込められていく過程を取り上げようとしています。確かに、戦国時代から江戸時代に移り変わる時期は、非常に大きな変化がありました。いろいろな形で社会の表面に生きていた自由が、江戸時代の社会の中では「裏の世界、陰の世界」に生きるようになっています。

宮田　『神無き月……』の舞台となった郷村は、農民と武士の身分的な境がはっきりしない世界だった。

網野　隆慶一郎さんの場合は遊廓を舞台にしていて、「苦界(くがい)」としてではなくて、「公界(くがい)」の生きのこった世界と考えるわけです。

宮田　この時代は、民俗学から見ても興味深い。戦国末期から近世の初期にかけて、山人たちがどんどん里へ下りてくる。九州・宮崎の椎葉(しいば)の山民も、だんだん下に下りてきて平地民になっていく。一方で逆に、平地民も山へ入っていく時期でもある。たとえば、戦国時代に戦いに破れた者たちが落ち延びて、山奥へ入っていくという「隠れ里」伝説が生まれてくる。山にいる者が里に下りてきて、里の者が山へ入るといった人的交流のいちばんの要になってくる部分に都市が生まれる。

たとえば妖怪の世界も、中世末に新しい妖怪が出てくる。小松和彦さん（民俗学者、文化人類学者）が指摘しているように「付喪神(つくもがみ)」がその代表ですね。道具を作る木地屋職人たちが山から里へ下りてきて、需要に応えて新製品を作る。すると古い道具はいらなくなり、煤払いのときにみんな捨てられてしまう。その結果、都会では古道具が累々と道端に転がり、その古道具が怒って妖怪になり人々に復讐を始める。それが付喪神なわけです。まさにその時期が中世の末期にあたる。

人々が都市で集団生活を送るようになって、それだけ生活用具の需要が高まった。日用用具にもどんどん新しいタイプが生まれてくる。付喪神のような妖怪像を都市が生み出してくるわけです。網野さんが言われるように、都市にはいろんなものが集結する。「都会」という言葉がありますが、「都に会う」、つまり「人々に出会う」という意味があるらしい。「都会」は意外と古い言葉ですね。

江戸時代に〝都市が村になった〟ことがあった？

網野　そうした転換の背景には、社会そのものの極めて大きな変化があるわけですが、当面、今の話にからめて思いついたことを言いますと、江戸時代の制度は、中世までの都市の多くをみな村にしてしまいました。

宮田　都市を村にする？

網野　「町村」ともいわれますね。たとえば能登(のと)の輪島が町村になります。輪島は江戸中期、六百軒以上も家があるのですからどう見ても都市ですが、鳳至(ふげし)町村、河合町村という村になります。ですからそこでは、水呑(みずのみ)（頭振(あたまふり)）身分の人たちが多数を占めているわけです。土地を持つ必要のない都市民は水呑にされてしまいます。

能登にはこうしたところが非常にたくさんあります。頭振が七〇パーセントから八〇パーセントという村は、まぎれもない都市ですね。秀吉の時代から江戸時代に至る過程で、制度としては町を村にしてしまおうとする強烈な社会再編の意思が、統一権力側にあったのではないかと思います。

宮田　言葉の詮索になりますが、ムラは人々が群がっていては十分に秩序が取れていない、しかしマチの方はある一定の区画を持ち、そこに人々が集結している、というイメージがある。町には市や宿場やお寺も集まる。そうした機能を持ったマチがムラの中にできる、というのが今までの通説だったのではないでしょうか。

「町村」という場合は、町に比重があるのか、村にあるのか。支配者が把握しやすいのは町ということになるのでは……。それを村にしてしまうというのは、よくわかりませんが。

網野　村の中に都市ができるのを「町村」といったというのが今までの通説ですね。

宮田　そう聞いていますね。

網野　ところが、今の能登の例でもわかるように、まぎれもない都市、港町を最初から制度的に村の扱いにしてしまうわけです。

宮田　バラバラにしてしまうのですか?

網野　いいえ、制度的に村として扱うのです。

宮田　行政単位として?

網野　そうです。行政単位として町にするのはほとんど城下町だけです。

宮田　城下町とはいわずに、「お城下」といった。

網野　そうですね。

宮田　都の方はどうですか？

網野　京都、大坂、江戸は町ですし、博多や堺も町ですが、倉敷や上関（かみのせき）（山口県）、越前（えちぜん）（福井県）の三国湊（みくにみなと）、越中（富山県）の井波（いなみ）などはみな村になっています。

宮田　すると町名主はいないわけですね。

網野　いませんね。

宮田　村名主になる？

網野　名主、庄屋、そして肝煎（きもいり）がいるわけで、村とまったく同じ扱いです。村ですから検地が行われます。田畑を持っていない商人や廻船人、そして職人や問屋、店屋などはみな水呑身分になります。少しでも田畑を持っていれば百姓です。ただたいていは、ごくわずかな石高しか持っていませんね。

これまでの通説では、農村から都市に人が流れ込み、土地を持っていない半プロ、貧民、日傭（ひよう）や商人が集まってくるから町村には水呑が多いといわれてきましたが、そうではありません。最初から都市を行政的に村にしてしまったわけです。

宮田　今の僕らの感覚だと、村は低く見られますが、当時は？

網野　確かに当時もそういうところがあったと思います。百姓と町人、武士ははっきり区別されていました。町人や武士は基本的に町の人間たちです。百姓は村の人たちですが、実態としては商工業者がたくさん含まれていたわけです。

宮田　僕らの考える村は、村の中に八百屋や大工や鍛冶屋や雑貨屋がある地区があり、そこを「町」というわけです。町のまわりを村が囲んでいる。そこを町といってもぜんぜんおかしくない。ですから、字名で町の名は残るんじゃないですか？

網野　小字（こあざ）名では残り得ますね。

宮田　行政的な扱いで町になるということがないわけですね。

網野　基本的にはないですね。時によると、非常に集中度の高い村を町立てにして、代官を定め、住人を町人扱いにし、百姓から町人にすることもあり得たと思います。しかし、そうしたケースは江戸時代を通じてごくわずかだったのではないでしょうか。輪島や上関は幕末まで村ですね。

江戸時代の、都市を村にした場所での住民の職業分類がわかる史料として江戸末期に作られた『防長風土注進案』も見ますと、周防（すおう）（山口県）の上関の場合、百姓や門男（もうと）（水呑）の中に「農人」がいます。

宮田　農の人と書くわけですね？

網野　そうです。そうした農人は百姓や門男の一部で、上関では他に船持、商人、廻船問屋、鍛冶屋、漁師、船大工などが百姓に含まれています。浦方の門男の場合、農人はまったくいません。輪島と同じで商人や職人が大部分です。ですから、百姓＝農民とするのはまったく間違いですね。

ただ、『防長風土注進案』の全体を見れば、農人が非常に多いように見えます。ところがその農人の中身をさらに調べてみると、実際は養蚕、木綿、機織をしたり、たばこを作ったりしており、炭焼や製塩をやっている人もいる。しかしそれはみな「農間稼（のうまかせぎ）」で農業の副業になってしまっています。都市でなくとも、普通の村の中に酒屋、鍛冶屋、たばこ屋などがいたわけで、私の先祖も百姓ですが、酒屋をやり、山を持ち、金融までやっていました。そうした状況が江戸時代の普通の村に見られたのですが、これが全部これまでは農村としてかたづけられていたわけです。

同じような例で出羽国（山形県）に大石田（おおいしだ）という村があります。これも都市が村になったケースですね。大石田は最上川（もがみがわ）の上流の港町で、川にそった道路の両側に短冊形の地割があって家がべったり並んでいます。

明治初年の職業を見ると、そうした家はみな商人か職人ですが、ここも村になっています。そして水呑を含む百姓と同じくらいの数の名子（なご）からなっています。これまで名子は、農奴といわれてきましたがまったく違いますね。大石田の名子は、たぶん都市の「地借（じかり）」「店子（たなこ）」のような人たちだと思います。

宮田　ところで、「水呑」の意味を網野さんに何度聞いても説明してくれませんが、どういう意味なんですか？

網野　よくわからないんですよ。こういう言葉の意味の解明も重要な問題ですね。俗説では「水しか呑めないから」といいますが、これは疑わしいです。ただプラスの価値の言葉ではないですね。そういう点でわからないことが多いですね。

　能登から越中にかけては、頭振といいますが、なぜ頭を振るのか、これもよくわかりません。周防では先ほどもふれましたが門男といいますが、これは中世には間人といって「昨日、今日ありつきたる」ような間人といわれるように、新しく移住してきた人を指す言葉でした。それが水呑を指す言葉になったのです。隠岐では間脇といいますが、これも同じで、言葉としてはマイナス評価をこめていることは間違いありません。ところが、水呑身分の人には大金持ちの商人や廻船人がいるわけです。

「半農半漁」は不明快な用語

宮田　よく「半農半漁」といいますね。男は漁で女は畑。たとえば町村の中で、男が大工をやり、渡り大工として旅から旅へと仕事を続けている。ところが彼には女房がいて、女房が畑を耕す。これは「半農半商」でしょうか……。

網野　その言い方自体が農業に比重をおいていると思いますね。能登の輪島の百姓や頭振の場合は、そうした表現が不正確になります。むしろ、主たる生業が商業であり、廻船業、手工業なのですから、ズバリ商人、廻船人、職人といってよいと思います。

宮田　彼らは百姓（ひゃくせい）というわけですね。

網野　よく百姓（ひゃくせい）から百姓（ひゃくしょう）へといわれ、「ひゃくせい」はいろいろな生業の人がいたけれど、「ひゃくしょう」になると農民になると言う人がいますが、これもすべて俗説で、百姓の意味は変わりません。「ひゃくしょう」は呉音、「ひゃくせい」は漢音で、奈良から平安期に編纂された『六国史』では「ひゃくせい」といっていますが、律令では百姓を「ひゃくしょう」と読ませていたと思います。語義については、古代から近代までぜんぜん変わっていないのです。

それから今までは、「非農業民」というと少数派のように思われており、私もそう思っていましたが、どうも実態は違うようですね。

宮田　農業と漁業、どっちで食っているかといった発想ではなく、一本ということですね。

網野　「半農半漁」というのは、近代的な表現で、不明快な用語ですね。

宮田　歴史の正確な認識を踏み外すということですか。

網野　そういう言い方は非常に不正確で、実態を誤らしめますね。

宮田　定着してますからね。

網野　「農間稼」や「作間稼」といいますね。これは江戸時代からで、漁業や製塩、養蚕、棉作の方が主でも、みな農業の副業になってしまいます。これが間違いのもとだと思います。

宮田　土地持ちの漁民もいますよね。

網野　しかし海村では農と漁のどちらが本職かといえば、漁が本職の人の方がはるかに多いと思います。女性は畑を耕したりはしていないで、商売、魚売をやっていることが多いです。

宮田　畑を持ってないということですか？

網野　持っていてもほんのわずかで、漁村を歩いても、ふつうは田畑をたくさん持っている漁民というのはまずいないと思います。田畑を耕していたら農民ですね。

宮田　先日、講演をしたときに、会場から「漁村には女が一人もいない、女はどこにいるんでしょう」という質問を受けました。僕は「男はみんな漁に出ていて、女は家に帰れば裏の方に畑があってせっせと耕してる。日本は中世以降は半農半漁型の漁村の方が多い」と答えてしまった。

網野　女は魚介売の商売をしていると思います。

宮田　女は朝市には出るが、他には畑の耕作や漁の神様に祈るだけだと思ってました。最近は、行商の「いただき」といった類の人たちはいなくなってしまった。商売は全部漁業組合まかせ。「半農半漁型」という説明の仕方は非常にうまいもんだから信じてしまう。あれは民俗学者の宮本常一（みやもとつねいち）さんの説明でしたね。

網野　半農半漁は中途半端で、訂正する必要がありますね。私は自分に間違いがあれば、どんどん訂正します（笑）。

【2】「農業中心史観」が隠蔽した女性の役割

小説『山妣』と山民の世界

網野　先ほど宮田さんは、山人が平地に下りてくるという話をされましたが、それはいつごろのことなのでしょうか？

宮田　時期的には一致するのかもしれませんが、なぜ彼らは山にいられなくなったのか、何のせいだろうかをよく考えてみる必要があります。

網野　具体的にはどういう場所で起こったのでしょうか？

宮田　たとえば、現在の宮崎県椎葉村の例では、かなり長期間にわたって焼畑農耕が発達した地域だった。現在も独自の神楽を持っていて、山林地域としては典型的な場所ですが、それがどんどん変化していった。その最初のスタートは、江戸時代前半に藩主の規制によって彼らが平地へ下りてきて、平地の開発に従うわけです。ちょうど明治政府が漂泊民を定着させるのと同じで、サンカがその時期にほとんど姿を消すわけです。
坂東眞砂子さんの『山妣（やまはは）』（新潮社）は、明治を舞台にした話ですが、山人が同じように里に下りてきて遊芸をしながら彷徨（さまよ）い歩き、また自分の故郷へ戻っていくというモチーフでした。その出自が山姥（やまんば）だというわけです。山を追われて出てきた家筋の姉と弟が、旅をしながら結局故郷へ戻っていく。姉の方は名主の家の女房になって、弟は両性具有、つまり二形（ふたなり）なんですね。主人公の描き方が、常民的な世界と山民の一族をうまく対比させている。最終的には、弟は本当に自由を謳歌し、常民的世界から離れてまた旅に出る、という話だった。
これは小説ですが、そういった類話は、おそらく十六、七世紀に山民がどんどん里へ下りてくる過程で起こり得たことだと思います。藩は税を取るためには山人も対象とする必要があったわけです。弟はそうした国家からの脱却をはかろうとする山民の姿なのかもしれません。
網野　そのころは、近世の検地をして、田畑の制度の中に山民や漁民を入れてしまう時期ですね。
宮田　近世の幕藩体制が明確になったところでそういう状況が生じてくる。
網野　検地をして、田畑をどれくらい持っているかを調べて、年貢を賦課しようとするわけです。

宮田　秀吉の場合は、平地だけでなく山野河海にも改めて注目した。

網野　最終的には、浦や津のような海村も、都市も、山村も全部田畑を持つ「村」にしてしまうわけですね。中世までは山、野、河、海はそれぞれ独自な世界で、検注の対象にもなっていますが、近世社会は山野河海を独自な行政単位にしないで、浦や山や野は全部「村」にしてしまうのです。そして城下町など、ごく一部の都市だけを町にします。そういう区分にしたのが、十六、七世紀の特徴だと思います。そういう方向で国民国家が作られていく。

宮田　国民国家は「定住社会」を基礎にするわけですよね。

網野　農業、農村を中心にしようとする国家意志が、近世にははっきりと働いています。もちろん、社会の実態はむしろ非農業の比重が大きいのですが、制度の形はその方向で作られていくわけです。農業以外の生業はみな「農間稼」、農業の副業にされてしまいます。

幕末のころに外国の船が来はじめると、沿岸の百姓たち、海の民たちは仲良くしようとしますね。ところが幕府の使いが来ると「なんであの連中と話をした」と言ってそれを押さえつけられてしまいます。社会はいつでも動いているのに、枠にはめてかたちを作ろうとするのが国家の制度なんです。ただ、国家はまったく新しいものを作る力など持っていません。社会に実際に存在するものをある方向に位置づけ組織することしかできないと思います。新しいものは、流動する生きた社会からしか生まれてこないのです。しかし、国家の制度作りの志向が強烈に働くのは、七、八世紀と十六、七世紀、そして近代ですね。近世には山の民も検地をされて、田畑にかかる年貢を出さなければならない。山自体には年貢をかけられません。年貢はあくまで田畑に即して換算された石高に賦課されるのです。ですから、結果的に彼らを山から引きずり下ろすことになったのでしょうね。

宮田　土地空間を支配するというのはわかります。それと精神構造まで押さえ込むという意味では、支配者が時間を管理するということが重要でしょう。江戸時代に作られた「貞享暦(じょうきょうれき)」は今でいう「旧暦」ですが、それ以前は宮中が作った暦を中心にしていた。秀吉の段階では誰が暦を支配していたのか、天皇家か秀吉なのか、そこが大事です。

網野　それは重要な視点ですね。

宮田　しかし一方で、「三島暦」や「鹿島暦」といった、地域ごとに形成されている暦がある。「伊勢暦」は中央と結びついているように見えますが、それは表面だけで中身は民間の暦なんです。ですから、支配される方は支配者が生活を律しきれないものを持っているわけです。明治政府はそれをさらに押さえつけようとしたけれど、なおかつこうした地方暦にもとづく世界もあった。

網野　その点をふくめて私が言いたいのは、歴史学者も民俗学者も、結果的に上から押さえつける方の立場、つまり権力者の意志に即した立場からしか社会を見てなかった。これが決定的ですよ。
宮田　そうなんです。
網野　むずかしくとも、本当に流動している生きた生活の実態をつかまなければいけないと思います。
宮田　本当の責任は民俗学にあるのかな。歴史学は権力に呼応した「王道の学」ですから（笑）。柳田さんは官僚でしたが、民俗学は基本的に民間の学問です。
網野　民俗学も大いにやってもらわなくてはいけないし、歴史学も民間史学に徹底して生まれ変わらなくてはならない。

果樹生産は農業にあらず？

網野　話は変わりますが、「男が田畑を耕し、女が養蚕と織物をやる」というのは、中国大陸古来の一般的なパターンで、アジア全体、あるいは世界的に見ても女性が繊維生産を担っています。ところが、なぜか農だけが突出している。これはもはやイデオロギーでしかないですよ。
宮田　農がイデオロギーだという発想は、ほとんどの人は理解できない。
網野　みんな縛られていると思いますね。先ほどふれた「農間稼」「半農半漁」などという言葉もその最たるものです。農が主で漁が従にされています。あの宮本常一さんですら、「農のイデオロギー」に縛られていると思いますね。

宮本さんの実家は農民ではないのではないでしょうか。お祖父さんと一緒に山にも入っていますが、父親は大工になっていくわけです。あのような性格を持った家は単純な「農民」とはいえないのではないでしょうか。宮本さんはお祖父さんを慕っていて、いろいろなことを教わっていますが、農業の話はほとんど出てこないですね。「遠くにメダが光っている」とか、ミミズに「よってござれ」と言うとか、面白い話がいっぱい出てきますけれどもね。

宮田　山へ柴刈りに行ったということじゃないんですか？

網野　宮本さんの『忘れられた日本人』（岩波文庫）を読んでも農業についてはあまり出てきません。ところが宮本さん御本人は、「俺は百姓をやる」と言っています。何をやろうとしたかというと、「郷里へ帰ってみかんでも作る」ということのようです。実際いま、宮本さんの御子息はみかんを作っていらっしゃる。いつも美味しいみかんをいただいているのですが、私に言わせると、みかん作りは農業ではないんですよ。

宮田　何ですか。

網野　あれは果樹生産です。

宮田　単なる副業にすぎないわけですか。

網野　副業ではなくて、今やみかんは宮本家の生業です。みかんを作ってみかんを売るのは果樹生産で、田畑の農業とは異質ですね。ところが果樹も桑も全部農業に入れてしまうから、農業がどんどん膨れあがってしまうのです。みかん作りは、農民がやることになってしまうのです。

宮田　柿もそうですかね。

網野　栗、漆、梨、桃、みなそうです。これは農業ではありません。

宮田　平地の農業じゃないことはわかりますが、平地ではなくて山畑だということが関係していますか。

網野　確かに野や山が生産地ですね。

宮田　日本では、山は山岳ではなく、山間に畑を作って開発し、焼畑や狩りもやる。自分の家の前の畑で陸稲をはじめいろいろな畑作物を作っています。それが典型的な山村の姿です。

網野　それを「農民」といった途端にイデオロギーに絡めとられるわけです。

宮田　わかりました。

網野　日本で「農民」というと、鍬を持って田畑を営々と耕すというイメージが強いですね。

宮田　田んぼ以外にも鍬は使いますよ。

網野　これははっきりと文献によって論証できることですが、古代・中世には、田畑は男が鍬や鋤を使って耕作するのに対し、桑や蚕は女性が担当しています。「農夫」に対して「蚕婦」と呼ばれています。農業と養蚕は厳密に分けられており、税金も別でした。

宮田　養蚕からも税金を取るんですか？

網野　取りますよ。桑一本ごとに桑代がいくらと決まっていて、田畠の年貢、地子とはぜんぜん違います。各荘園ごとに桑や漆の本数を記載した帳簿が中世にはきちんとあったのです。栗も栗林が何町何反と記載された帳簿がありました。柿も帳簿があります。それをまとめた帳簿は国衙にもそれぞれあったと思います。

宮田　しかし、それは農業といえませんかね。

網野　中世では「農業」とはいっていない。その方が本当だと思います。アグリカルチャーですよ（笑）。

女性の仕事は補助・副業という「神話」

宮田　職人は『職人図絵』を見ると四十何種類かある。ところが、江戸期の『嬉遊笑覧』には索引を手掛かりに数えていくと一千近い職種が出てくるそうです。人々は非常に多角経営をやっている。一軒の家がいくつもの職種を兼ねることもあるでしょうが、それを包括して「農業」というんじゃないですか。

網野　それがおかしいと思います。十一世紀中頃の『新猿楽記』は、右衛門尉の家族に即して多様な「所能」をあげています。その所能の中には、荘園で請作をする田堵をはじめ何十もの職種があげられていますが、すぐれた農業経営者、農民である田堵は、遊女や鋳物師や博打などの何十職種の所能の中のひとつの所能にすぎません。それがどうして農業だけがかくも肥大してしまったのか。これには歴史学ももちろんですが、民俗学にも相当の責任がありますね（笑）。

宮田　暦のことを農暦というでしょう？　農暦は生産のリズムに合わせた暦です。

網野　しかし養蚕のリズムはまた違うわけです。「蚕暦」もきちんと作ってくれればいいのですが、蚕は女性の世界で、いわば私的な裏の世界ですからそんなものは作られていないですね。

宮田　それはおかしい。

網野　おかしいでしょう。

宮田　女性は自らの体に自然のリズムを持っていて、そちらの暦が使えるわけです。蚕の変身が女性のリズムと同一視される。

網野　そういえば、宮田さんはどこかでそのことを書いておられましたね。

宮田　蚕は四～五回変身する。それが女性の化粧をして変身しようとする心理とちょうどリズムがあうのかもしれない。本当かどうか、話者のお婆さんに聞き書きしたことがあります。

網野　宮田さんは女性の民俗については、たいへんよく反応していただけますから、もっともっとやってほしいですね。私もずいぶん宮田さんから新しいことを教えていただきました。

宮田　巨大な空間を持った蚕室がありながら、蚕が作られなくなってしまった。焼畑と同じような状態です。

網野　それは資本主義的な高度成長の結果ですよ。いわゆる人絹や化学繊維の登場が決定的。

宮田　蚕に税金があったことは初めて知りましたが、どのくらいの額ですか？

網野　桑一本ずつに桑代という税金がきちっとかかっています。普通は絹・綿・糸ですが、年貢と同じようにその地域の特産物、たとえば布、塩、木材などで納められることもありました。しかし、中世の桑代については研究がゼロですね。誰もやってない（笑）。

宮田　若い学生にやってもらうといいですね。

網野　そこで中世の桑については、最近「日本中世の桑と養蚕」という論文を『歴史と民俗』（第一四号・平凡社）に書きました。

宮田　そういえば、網野さんの論文を読んだ女子学生が、群馬県立博物館に実習に行きました。群馬県内をフィールドに蚕と女性の関係を調べ、卒論に書くそうです。

網野　それは是非やってほしいですね。なぜ上州で女性が強いのかは、養蚕と絶対に関係があると思います。

宮田　そのとおりです。上州女はちゃんとヘソクリとホマチを蓄えている。

網野　実はそこにも問題があるのです。こういう女性の収入をなぜヘソクリやホマチというのかということですね。女性の動産に対する独自な権利が絶対にあったはずです。それをそのように私的なもの、余分なものといってしまうところに、農業偏重、農本主義的な偏りの現れがあると思います。むしろ民俗学にはこうした私的世界に強く反応するところがあるはずです。

宮田　そうですね。

網野　ところが根強い「農業イデオロギー」のために、そういう感覚がわからなくなってしまったのではないでしょうか。このごろの民俗学は面白そうな話をみんな潰してしまうところがある（笑）。

宮田　いやいや、そうなんだ（笑）。民俗調査項目のいちばんはずれに「諸職」が出てくる。常民を三角形の真ん中に固定化し、諸職を「その他大勢」にしてしまった。あれがまずかった。

網野　実は昔は私もその「諸職」はマイナーな世界だと思っていました。『日本中世の非農業民と天皇』（岩波書店）を書いたときに、「そうでもないのではないか」と考えるようになり始めました。それでもまだ、正直のところ周縁の分野をテーマにしていると思っていました。しかし、『神奈川大学評論』（二八号）の対談で赤坂憲雄さんに「先生、それは周縁じゃありません」とズバリ言われましたが、確かにそのとおりだと思います。職人の技術は広範な百姓の技術があって初めて成り立っているわけですからね。

そう考えるようになったのは、女性の役割に気がついたことが大きいですね。人口の半分は女性ですから。ところがそうした女性の担ってきた仕事を、すべて農業の補助、副業ということで切り落としてきてしまったのだと思います。養蚕、棉作、紙漉き、お茶摘み、そして織物は全部女性の生業ですよ。この女性の労働の大きさを独自に考えないで、今まではすべて「農業」の副業とみて、副次的役割としか考えてこなかったわけです。漁村の女性も同様で、男が漁獲してきた魚を加工して、市場へ持っていって売ったのはみな女性ですね。

それは「オタタさん」や「シャー」、あるいは「いただきさん」と呼ばれるとくに目立った女商人だけではなくて、漁村の女性はみな大なり小なりそういった仕事をやっていた。百姓の海民の女性はみなある程度そうした仕事をやっているはずです。ところが民俗学は、「オタタさん」のような少数の女性しか対象にしてこなかったと思います。しかし、男は夜中に漁をして朝早く帰ってきたら、家でグウタラ寝て休んでいるわけです。その代わり、女性は獲ってきた魚を開いて、干し、担いで売り歩く。こうしたことが漁村のあり方として広く見られると思います。

宮田　でも、田植えは早乙女(さおとめ)、女性の仕事だということになっている。「五月五日は女の節句だ」というのは民俗学が言ってきたことです。

網野　もちろんそれは非常に大事なことですが、女性が農業の分野で正面切って加わるのは田植えだけですよね。あとは草取りや脱穀などの補助労働になります。ですから日本女性史論集で「女性の生業」の本を見ると農業の補助しか出てこないのです。なぜ、養蚕が落ちてしまうのか、まったく理解しがたいですね。

宮田　文書に出てこないからですよ。

網野　そのとおりです。『鎌倉遺文』の三万何千点の文書の中で、女性が養蚕をやっていることがはっきりとわかるものがたったの四点くらいしかないのです。その気になって読んでいかないと見落としてしまいます。桑とその検注、桑代にふれた文書はたくさんありますけれども、女性に関係あることのわかる文書は非常に少ないのです。そのくらい文字の世界には女性の姿は出てきません。それだけに民俗学に期待するところ大(だい)なのです。

民俗学は農業に〝思い入れ〟が強い

宮田　民俗学の民間伝承研究は、古代、中世、近世という時代の枠に入らないとされ、

「聞き書き」は研究データとしても除外されたままだった。

網野　やはり民俗学自身、農業に対する思い入れが非常に強いわけですよ。

宮田　そのとおりです。

網野　柳田国男さんが徹底した文書批判をやっていれば別だと思いますが、柳田さん自身かなりの程度「農業イデオロギー」の世界に取り込まれていたと思います。ですから、柳田さんに対して農村社会学者の有賀喜左衛門（あるがきざえもん）が、「柳田は国史学に妥協し、民俗学者として徹底していない」と、激烈な調子で批判することにもなるのでしょうが、私には有賀の思いがよくわかります。

宮田　結局、柳田さんの論理構造からいえば、自身の「故郷」に相当する部分がないわけです。彼は東京にいて全国的視野からのデータを見回すという立場にならざるを得なかった。この見方は東京の在住者の宿命的なところかもしれない。ふるさとの地域に根ざしていませんから、どうしても東京にいて全国を鳥瞰（ちょうかん）する形にならざるを得ないわけです。

網野　宮本常一さんの書いたものの中に出てくる女性はみな元気ですね。『忘れられた日本人』には、男をからかいまくる女性も出てきます。私も茨城県の霞ヶ浦で、おばさんたちに露骨なことを言われて猥談をやられそうになって（笑）、ほうほうの体で逃げたことがあります。

宮本さんはそういう意味では、柳田さんとは本質的に違う世界をよく見ている。民俗学者の赤松啓介に近い世界をよく知っていると思いますが、その宮本さんですら「半農半漁」と言い、「百姓をする」ということが「家へ帰って農業をやる」ことだと言っている。このことのおかしさをもっと自覚して徹底して考え直せば、民俗学ももっと元気になるはずです（笑）。

宮田　いやはや今日は、僕は白旗掲げますよ（笑）。

網野　先ほどもふれましたが、果樹栽培や桑による養蚕が江戸時代には「農間稼」にされている。この「稼ぎ」は本業ではなく副業ですね。農が主で、稼ぎは副です。ですから「農間」なんですよ。しかし実態としてはぜんぜん逆の場合がいくらでもある。養蚕が主で農業が従、漁撈（ぎょろう）が中心で田畑は副ということは大いにありますが、それでも「農間稼」なのです。

現在の「第二種兼業農家」の実態も同様で、ほとんど農業はやっていないわけですね。まったく同じ状況が、江戸時代の「農人」の中にもあって、その「農間稼」の「稼ぎ」の方が主業の人たちがたくさんいたと思います。

宮田　家計上の男女の稼ぎの割合は、データとして出ないんですか？

網野　江戸時代の研究者が本気でやってくれれば出てくると思います。中世ではまず不可能です。

宮田　「大福帳」からわかりませんか。

網野　「大福帳」が出てくるのは江戸時代ですから、中世でも末期ならまったく不可能とはいえませんがむずかしいですね。でも、是非やってもらいたいと私は思います。

宮田　最近、そういう研究が近世では出てきていませんか。

網野　私は悲観的ですね。先ほども言いましたように、私が「百姓は農民と同義ではない」と言うと、わざと「百姓＝農民」と書く研究者がいるのが現状ですから。近世史家の佐々木潤之介さんは、「百姓は身分称号であって、農民に限られないことや、しかし江戸時代にあって、百姓の主要部分が農民であることなどは、半世紀も前からの近世史研究の常識である」（『地域史を学ぶということ』吉川弘文館）と言う。

つまり、「百姓が農民じゃないなどということは、半世紀前からわかっている。ただ、百姓には農民が圧倒的に多い。だから何も事態は変わらない」とおっしゃっている（笑）。近世史の研究者の主流はこの佐々木さんの考えと同じでしょうね。

宮田　比較的ポピュラーな農村地帯をフィールドにしているから、そうなんじゃないですか。

網野　関東の農村といっても、干拓と開発の進んだ江戸時代の後期は別として、やはり「稼ぎ」の方に注意する必要があるでしょうね。「農」だけ見れば、みんな農民になってしまいます。

宮田　先祖崇拝など、柳田国男に影響を与えたのは関東地方でも東京都町田周辺の農村か、川崎の畑作地帯の農村でしょう。田地田畑を守るという意識が生まれてくると、焼畑や漂泊の民はそれを必要としないし、そういうものは除外していく。それは民俗学だけでなく、日本の学問全体の傾向がそうなんです。

網野　最近、宮田さんは女性をテーマにした論文をいろいろ書いておられますが、アッという間にあれだけデータが出てくるということは、民俗学にはまだまだ潜在能力があることをよく示していると思います。宮田さんには、女性のことをたくさん書いていただかないと、私の主張する内容も空理空論になってしまいます。とくにこのごろ、意識されて女性のことを書いておられるのですか?

宮田　僕は昔から女性恐怖症だから（笑）。

網野　私が宮田さんを挑発していることもあるでしょうね。宮田さんは挑発のし甲斐があるんですよ（笑）。

【3】女性史の常識を覆す〝桑と養蚕の世界〟

「蚕の生活リズム」と「女性のリズム」は同じ

網野　先ほどもふれましたが、中世で女性と養蚕に関する文書は、『鎌倉遺文』三万五千点のうちたった四点ですからね。私の場合は、意識的に「桑」と「蚕」をみつけようとしたからみつかっただけで、本当に少ないのには驚きました。実は四点といっても、本当の意味で百姓の女性が働いているのがわかるのは一点しかない。

宮田　どんな表現で出てくるんですか？

網野　「養女」（カイメ）という名称で出てきます。「地頭が養女を入れて桑を摘ませたのはけしからん」と百姓が地頭を糾弾しているのです。「養女」と書いてあるので、最初養女（ようじょ）かと思ったのですが、そうじゃない。地頭が女性に蚕を飼わせたわけです。

宮田　場所はどこですか？

網野　若狭(わかさ)国倉見荘（福井県若狭町）の御賀尾浦(みかおうら)のことです。もう一点は遊女の養蚕に関するものです。駿河(するが)国（静岡県中部）の実相寺の院主代に対して「蒲原宿の遊君を招き入れて魚鳥を肴に酒宴をやっているのはけしからん」と衆徒たちが糾弾した文書の中で、「寺の中で養蚕をやらせた」とも言って衆徒たちは怒っているのです。遊女も養蚕をやったようですね。同じ文書の別の条では、婢女(はしため)に養蚕をやらせていることを糾弾しており、寺院の中で養蚕をやってはいけないのです。

もう一点は、備後(びんご)国大田荘（広島県世羅町）の代官で、大変に富裕な和泉法眼淵信(いずみほうげんえんしん)という人が、女子供を連れて下向(げこう)してくるのですが、その女性たちに養蚕をやらせたのはけしからん、と糾弾されているわけです。

宮田　なんで「けしからん」のですか？

網野　僧侶が女性を連れていることがいけないのでしょうが、養蚕は蚕を殺しますから、殺生になるのでしょうね。間接的ですが、「寺の中に桑を植えてはいけない」という規定を持った寺院が豊後(ぶんご)にあります。このように女性の養蚕に消極的な文書が三点、直接、養女のわかる資料が一点あるだけです。

しかし、文書はなくても物語には女性の養蚕はたくさん出てきますね。

宮田　そうですね。

網野　『日本霊異記』や『今昔物語集』には、女が大木に昇って桑を摘んでいる。するとヘビが下から女性を見て、よからぬ心を起こしてつがってしまう話があります。

宮田　桑に大木があるんですか？

網野　私も最近知りましたが、「これが桑？」と見紛うぐらいに大きな木があります。中世の荘園では桑をきちんと「大・中・小」に分けて検注しています。当然、税金である桑代の量も大中小で違ってきます。桑の検注は綿密なもので、田畠の大田文（鎌倉時代の国別の土地台帳）、畠と別の桑帳もあったと思います。こちらの研究もまったくゼロでしょうね。そこで、少し本気で論文を書いたのですが、これはちょっといばってもいいかな（笑）。しかし年寄の冷水ですね。

宮田　東日本では、蚕の神様が「おしら様」ですよね。西の方はどうなのかな？

網野　私も知りたいところですね。

宮田　おしら様というのは謎ですね。蚕の神様という以前に、何かあったと思います。

網野　山梨県は養蚕地帯ですから、歩いてみると「蚕影山（こかげさん）」がたくさんありますね。いろいろ聞いてみても、まだよくわかりません。

宮田　蚕寺というのがあって、網野さんの論文に触発されて論文を書いた女学生がそこに行って住職に尋ねたら、昔はそうだったかもしれないが、今は安産の寺になっている。

網野　繭の中から蛾が出てきますから、お産とイメージがつながりますね。

宮田　蚕のサナギが繭を吹き出してものを作っていくというのは、非常に神秘的な要素ですね。女性は自分の子供を生んで、それが大きくなるのを目の当たりに見ている。蚕の生活リズムと女性のリズムが重なるわけでしょう。

網野　そういったことがあってもいいはずです。宮田さんらしい。

宮田　それを軸に「農」というのを見直さなくちゃいけない。

網野　「農」じゃなくて養蚕でしょう（笑）。それを「農」にしてしまうところが問題ですね。まだ宮田さんは農本主義なんだな。

　戦国時代以前のことは、民俗学の対象にならないのですか？

宮田　しようと思えば片言隻句（へんげんせきく）をとらえて民俗的な事実に対するアプローチはしますが、体系的にとらえる方法ではないんです。タイムスパンでいうとせいぜい、今から二百年かそこらをひとつの根拠に置こうとしているんです。柳田さんは当時の国史学の流れからいうと、内藤湖南（こなん）（東洋史学者）の説を受け入れて、「民俗学は応仁の乱以降」としたわけですが、僕らの時代はそこまでいけずに、十八世紀末ぐらいからということになります。

網野　そのタイムスパンでも、蚕や養蚕はまだまだ研究できると思います。

宮田　それを捜し出すために、群馬県博とか福島県博の地域博物館がいろいろなプロジェクトをやっていますね。しかし調査する側も「今さらこんなこと調べて何が出てくるのか……」と疑問視してますよ。養蚕は副業だし、女の人がやっていて、労働条件がいかにも過酷であるということはわかる。意識改革からしないとダメですね。

十四万本も植えられた桑の木

宮田　近世文化史の西山松之助氏は明治四十四年、兵庫県赤穂の生まれですが、先生のお祖母さんは桑畑で桑の葉を摘んで、苧績（おうみ）（苧（からむし）の繊維をより合わせて糸にする）をして、機（はた）も織って、着物を作ることをちゃんとやっていたそうです。お祖母さんは、しょっちゅう「今の若いもんはそれができない」と怒っていたそうで、「本当はそれが本来、女のやるべきことだ」というのが口癖だったそうです。

網野　私の母はやってませんが、私の祖母と家内の母は完全にやってました。私たちが結婚したときに家内の母が蚕を飼って糸をとることからすべてを自分でやって、ウチオリという織物を織って布団の生地を作って、それに綿を入れて結婚祝いに贈ってくれたのです。もう今はすり切れてしまいましたが、つい最近までそういうことがあったわけです。

宮田　しかもそれができたのは、村の中の上流階級なんです。

網野　上流階級もやっていたのでしょうね。富岡製糸工場は士族の女性が働いていますから、武士の妻もやっていたことは確実です。いずれにせよ明治以降の生糸工場で働いていたのは、全部女性ですね。

「農夫・蚕婦」という言葉が中国大陸から来ていますが、日本の事情も考えると、中国大陸が家父長制の社会だったということも実態は怪しくなってきます。

中国大陸でも確実に女性が蚕を飼い、生糸をとり、絹を織っていたはずです。とすれば女性には動産に対する権利が必ずあったと思います。労働をすれば、権利が確実に生まれますよ。自分で作ったものを「市庭」へ持っていって売ったとすれば、その成果は自分の財産になります。とすると今までの中国社会の理解も怪しくなってきます。朝鮮半島も同じで、みな養蚕や織物は女性がやっています。アジアの女性史の常識もひっくり返るかもしれない（笑）。

しかし、「女性が養蚕や織物をやってる」という自覚的な意識が女性研究者の方にもないですね。広いバックアップがないですからまだまだ先の話ですね。

宮田　絹は高級品で、綿は庶民のもの、というイメージがありますが、本当でしょうか。

網野　私はそれは嘘だと思います。

宮田　網野さんは、絹は昔から高級品ではなく庶民も着ていた、というのが持論でしたね。柳田さんの『木綿以前の事』（岩波文庫）の考えを踏襲していますと定説のとおりとなる。

網野　木綿の問題ですね。永原慶二さんがそれに乗って『新・木綿以前のこと』（中公新書）をお書きになって、定説が増幅されていますね。しかし、十四世紀のごく初頭の百姓の財産目録には、「絹小袖」が出てきます。

宮田　一般庶民や水呑百姓でもそうですか？

網野　そのころは水呑とはいいませんが、田畠がほとんどない浦、海村の百姓です。若狭の常神浦の刀禰（とね）は、十四世紀初頭に米百五十石、銭七十貫文、大船、五間屋、材木、山、そして絹小袖六着を自分の娘の一人に譲っています。これは史料で論証できます。また、百姓が小袖を持って市場（いちば）に売りにいくこともありました。「百姓は麻の寒々とした着物を着て、田畑を這いずり回って耕している」というのは牢固たる常識ですね。柳田さんもそう思ったのでしょうね。

どうして百姓の娘がハレの日に絹の着物を着て市場に出掛けてはいけないのか。祭りの日にどうして絹の小袖を着て男に会いにいってはいけないのか。そんなことを決める権利は、近代の学者にはないはずですよ（笑）。

宮田　でもそうかなあ。絹の生産高は、庶民の需要に応えるだけあったんでしょうか？

網野　木綿が本格的に日本に来るのが十五、六世紀でしょう？

宮田　綿が入るまで、麻と絹だけだったわけですね。

網野　九世紀前半、伊勢国多気郡（三重県多気郡）という一郡だけで桑は約十四万本も植えられています。その本数はきちんと国家が検注をしているのです。十四万本でどのくらいの蚕が飼え、絹ができるのかは知りませんが、かなりの量になることは間違いありません。伊勢国は絹を年貢にしている国なのです。絹を年貢にしている国は他にもたくさんあります。尾張国や美濃国は全部絹です。

「それは山繭だ」などと言う人もいますが、冗談じゃない。美濃と尾張は桑畑だらけですよ。それに海が入り込んでいるから田地は少なかったと思います。濃尾平野が穀倉地帯になるのは、埋立て開発の進んだ近世になってからです。

いちばん問題なのは、現代流の通俗的な常識で過去をなんとなく見てしまうことです。史料に則して、事実を厳密に確認し、きちんとした論証を徹底してやろうという姿勢がないですね。これは意外に著名な学者にも見られることです。私は、七十歳になって、今や不信感の塊になっています（笑）。ですから、私の著書は「焚書（ふんしょ）」になる運命なんですよ（笑）。

宮田　しかし民俗学だけが悪いというわけじゃない。

網野　歴史学も大いに悪いですよ。古文書学はやはり、学問の王道ですね。佐藤進一さんは『古文書学入門』（法政大学出版局）にはっきりと「荘園史料はすべて支配者の文書だ。これで荘園の実態が本当にわかると思ったら大きな間違いをする」と四十年前に言っておられます。長い間その警告を誰も本気で考えてこなかったし、いまだに徹底して考え切っていません。

宮田　佐藤さんは、栄光ある古文書学者ですね。

網野　にもかかわらず、長い間、制度史の実証主義史家といって軽蔑されてきたのです。佐藤さんが本当に評価されるようになったのは、意外に最近ですよ。今でも京都では、佐藤さんの評価は決して高くないと思います。

宮田　学閥意識ですな。

網野　それも大いにあるでしょう。

宮田　民間の学問が頑張らないから、こういうふうになる。

【4】〝女性と織物の歴史〟を民俗学が解き明かす

養蚕地帯に広がった富士講

宮田　養蚕と女性の関係で、僕が気がついたことから始めましょう。

　江戸末期に関東の畑作地帯をバックにした富士講という新宗教が広がります。この宗教の基本的な考え方は、男と女は平等であり、その平等である世界がミロクの世になるというものです。たとえば、女が男の衣装に着替え、酒作りのための杜氏（とじ）や染色をしたりする。また、重い荷物を運んで男の生業である石工（いしく）をやったりもする。また逆に男が女の服装をして、赤ん坊を背負ったり子守をする。そういった男女の役割を転換することによって、男も女も互いに対等であると認識しなければならないというのです。

　富士講がとくに発展した地域は、江戸の市内と現在の埼玉県から神奈川県、東京都近郊の地域です。教理の中で男と女のイレカエをするというのは象徴的な表現ですね。女が積極的に男の職業についたり、男が女の職業につくという考えは今から見ても非常に新しい発想でしょう。なぜ、そういう考え方が関東の畑作地域から出てきたのか。実は富士講が発展した地域は、養蚕が非常に盛んでした。養蚕の神様である蚕影（コカゲ）様は女神ですね。

網野　蚕影様は女神なんですか？

宮田　そうです。蚕影様の図像を見ますと、富士講で祀（まつ）られているコノハナサクヤビメ（木花咲耶媛）の姿がオーバーラップしている。富士山の女神と蚕影さんの女神のイメージが似ている。女神崇拝によって女性の社会的な役割を主張するという発想も生まれている。富士講を支えていた養蚕地帯の宗教民俗的な特徴ではないか。もちろん、江戸の町の中でも富士講は盛んに信仰されましたが、それが女性信者を獲得してどんどん江戸近郊にも広がった。

さらにいうと、男女の地位の逆転とともに、セックスについてもこと細かく説くんです。今まで男が上になり女が下になってしていた性交を、今度は女が上になって逆転させる。これは陰陽道の知識でしょう。女性上位になると水と火の流れが変わる。そして男女が一体化すれば理想的な子供が生まれるという。今までは男の社会だったが、こうしたことを実践して、女の人が優先的な力を持つ社会を説いた。これは、養蚕地帯での女性の地位が高まったことに関係しているのではないかと思いますので、網野さんの養蚕の論文を読んだときに、そのことを考えました。

なぜ富士講が、革新的な思想を持ち得たのかが、今までわからなかった。しかしそれが、養蚕地帯に広がっているという事実から、その地域の家や村の中での女性の地位、とりわけ主婦の地位が、経済的に高かったという点とつながってきたのですね。

網野　私の出身地の山梨あたりもそうですか?

宮田　山梨の方は富士山そのものの信仰が強く、いわゆる富士講の分布は少ない。富士講はどちらかというと関東平野の畑作地帯が中心ですね。

歴史民俗博物館の新谷尚紀（たかのり）氏が、田無市の富士講のデータを取り上げています。その史料の中に富士講と養蚕のあり方を詳しく書いた巻物がある。富士講は埼玉県の鳩ヶ谷を根拠地にした小谷三志が広めた。大きな集団になったところで、寛政年間（一七八九〜一八〇一）以降幕府からやたらに弾圧されるわけです。なぜ富士講だけが突出し、革新的な考えを持つに至ったのかを考えるときに、その背景に養蚕があり、民俗宗教にも大きく投影していたと思われる。

網野　先ほどもふれましたが、蚕影山は山梨にもあります。

宮田　関東の蚕影さんの本社は、茨城県の筑波山の麓にある蚕影神社で、それが関東から甲信越に広がった。

網野　富士講と蚕影信仰はそんなに密接なんですか?

宮田　僕は今言った事例しか見てないんですが、江戸近郊の農村では富士講に蚕影山信仰が取り入れられています。蚕影山は養蚕の守護神で、米と桑＝養蚕のうち「扶桑（ふそう）」という意味で蚕を守る山、扶桑山が富士山の別称になっている。

網野　富士講ではなく、他の現れ方をしている可能性もあり得ますね。

宮田　生活意識といいますか、養蚕の持つ現実の生活への具体的な影響力がポイントだと思います。

網野　山梨にも蚕影信仰は存在するわけですが、なぜ女神なのかということは今まであまり考えてこなかったと思います。

宮田　蚕影さんの図像は、はっきりと分析されていませんが、木花咲耶媛や吉祥天や弁天に類する女神の図柄を江戸時代に造形するわけです。男の神にしなかったのは、基本的に養蚕の神は女性であるという意識があったからでしょう。先ほどもふれたように、それを富士講が木花咲耶媛と結びつけて、それが女神像のモデルになっている。

織物は女性が生まれ清まる〝演出〟である

網野　たいへん心強いお話です（笑）。ただ、養蚕は関東から甲信越にかけて非常に盛んですが、その地域だけに限らないでしょうね。木綿は、栽培については知りませんが、加工から後は確かに女性が関わっており、麻は古代から女性です。織物は、基本的に女性と不可分のようです。石井米雄さんに聞いたら、東南アジアでもそうだとおっしゃっていました。

中国大陸でも、「牽牛・織女」の「織姫」は、まさしく女性ですし、中国大陸の文献に出てくる「耕織図」の織は女性の仕事です。ハンス・ザックスの『西洋職人づくし』の翻訳を見ると職人はほとんど男なんですが、織物だけは女性になっています。ギリシャ神話でも糸を紡ぐ女神がいるじゃないですか。

そうなると、世界的に見て織物は女性の職能ということになるとすれば、日本列島のみならず中国大陸でも、家父長制を基本にした男女の生業の体系という見方を見直す必要が出てきます。大塚史学の「農村の織元」も、織元は男かもしれないが、織っているのは女性ではないでしょうか。

宮田　「機織り姫」の伝説は、日本でも濃密に伝承されています。折口信夫（歌人、国文学者、民俗学者）はそれを、水辺で機を織り、それから衣裳を作り、訪れる神に着せるのだと書いています。「七夕伝説」につながるものだと言っていますね。機織り女の存在は、折口さんの考えでは巫女に相当します。神に仕えて、神の寵意を受ける。その神は男か女かわかりませんが、民俗的な世界では、そのマレビト（来訪神）は人間の男が通ってくるという形に変えられていく。

機織り女が「聖衣」を作るというのは、単なる技術だけではなく、女性の持っているメタモルフォーゼによるものじゃないか。つまり、お蚕様はどんどん繭を出していく。繭にくるまれ、そしてまた脱皮する。脱皮新生を繰り返している。それは、生まれ清まるためであり、人間の本能的な行為ですね。ちょうど春から晩秋にかけて何度も脱皮を繰り返します。

それは、女性が衣更えをしたり、化粧をしたりして変身していく、本性のプロセスに一致するわけです。ですから、蚕と女性は一体化するという意識にもとづく世界を作りだしている。それが具体的には絹織物に替わってきて、さらに商品流通の世界に入っていく。それは単なる労働に切り換えられますが、本来男性にはできなかったんじゃないか。女性が生まれ清まることを演出していることが織物の背景に存在するんじゃないか、と思うのですが、これは民俗学的な説明ですね。

網野　いやいや、これは歴史学では発想できない非常に面白い見解です。

宮田　それを、商品流通とかの機構の中にはめこむことによって、女性の持っている美意識というか、生き方というものが強制的に変えさせられるような状況が生じた。なぜかということになりますが、歴史の重要な問題だと思います。民俗というのは「神聖」を常に時代を超えて考察していこうとします。天照大神のころから伝説が生まれ、女性の持てる職能とピタリと合うというように……。

網野　記紀神話の場合でも機織りをしている女性の機をスサノオが壊す。

宮田　記紀神話の中では、織女がホト（女性器）を突くでしょう？　生殖行為があるのかもしれない。

網野　機の杼(ひ)を動かしますね。あれは確かにそういう行為と関係するかもしれない（笑）。

宮田　そういうことは女性の職能としての継続性を保証したのでしょうか（笑）。単に商品を売るためだったら、男が代わってできるわけですからね。

網野　今までなぜ、われわれ歴史家がこれに目を向けなかったかというと、理由はあるんですよ。ひとつは、西陣などの綾錦のような高級な織物を織るには、機が大型で、織り手は男なのです。戦国時代のころの史料ですが、官司に属する井上新左衛門や遠山右京進のような官位を持った男の織り手の名前が出てきます。そこで、織物は男ではないかと思いこんでしまった。

宮田　男がやった方が、技術的にも合理的でかつ速いということでしょうか？

網野　機の構造はよく知りませんが、百姓の女性の機織りはそれほど大きな機を使っていないのではないかと思います。

それからもうひとつは、古代律令制下の調や庸の負担者は、成年男子に決まっています。ですから、調として貢納された絹や布に、負担した人の名前が書いてある例がありますが、当然ながらこれはすべて男の名前です。そうなりますと、織物は男が行い、しかも貢納のためだけに織った、ということになってしまう。国衙(こくが)に百姓たちを集めて調庸の貢納のために織らせた、という図式になります。そういうこともあり得なかったとは言えませんが、この図式そのものはまったく間違っていたのではないかと思うのです。女性史の方でも、女性の生業というと農業の補助労働しかあげられていないのです。草取りとか、脱穀の手伝いなどですね。肝心の女性の仕事の中心がまったく見落とされていたと思います。

宮田　そう。「網野史観」というのは、今までの常識を全部ひっくり返すところに「売り」があるわけです（笑）。ご指摘の部分は、確かに言われてみると触発される。しかし、残念ながら民俗的な部分になると、歴史学に従属させるような説明しかしてこなかった。

網野　今まではね。

宮田　女性を主体においてみると、意外と女性を中心にした男性を従属させるような社会関係が発見されることもあり得る。今まで民俗学は南島研究に中心を置いていた。日本の古代を考えるときも、南島の祭祀組織の中で託宣の能力を持つ高級巫女、つまり女性司祭という存在を軸にしてきた。柳田国男や折口信夫も、巫女＝女帝論にまでつながるような天皇制のあり方を南島研究からヒントを得て考察してきた。ですから、中心に置かれた女性、つまり非日常的な女性ばかりに注目していたわけです。

　本当は日常的世界を舞台にして、女性の持つ強さや力、男性と対等な能力を示す資料を発掘する必要があった。社会構成史の中に入る女性ではなく、あくまでも女性本来の力で切り開く生活史とか、文化史を説明しなくてはいけない。それを女性の「神がかり」や「女の霊力」で誤魔化してきたのは、男性が女性に対して常に恐怖感を抱いているからです。これはしょうがないかな（笑）。ですから、女性から見た男に対する「男性史」という研究分野を確立しないと対等にならない。

『女工哀史』だけではない、織物の歴史と伝統

網野　今までのフェミニズムの議論の中でも、女性が日常的に持っている力が意外に強いことを評価し切っていないのではないかと思うんですよ。京都教育大の講演で喋ったときに国文学を専攻されている田中貴子さんが来ておられて、最初は「信じがたい」という顔をしておられました。女性史家自身がそうしたことに目を向けてこなかったのは事実だと思います。逆にいえば、男は歴史的に見て女性をそれほどいじめてばかりはいなかったのだと思いますが、暴論でしょうか（笑）。

宮田　いや、恐れていただけですよ（笑）。

網野　だいたい財布を実質的に握っているのは昔から女性です。ルイス・フロイスが日本の女性をヨーロッパの女性と比較して、ヨーロッパでは夫と妻の財産は共通であるが、日本では夫と妻が別々に財産を持っていると言っている。これ自体は非常に重大なことなので、動産を考えて初めてそういうことを言える、と思っていたのですが、フロイス

はさらに「時によると妻は夫に高利で金を貸す」と書いているのです。確かに中世では日野富子をはじめ女性の金融業者が多いのですけれども、まさか日常的に「妻が夫に貸す」というのはちょっと異様だと思いましたが、「養蚕は女性」ということがわかってからは、これはあり得ることだと考えを改めました。

つまり、女性が自分で作り、相場を見て苦労して売って稼いだカネを夫がよこせと言ったら「利息ぐらいつけろ」ということは十分にあり得る、と講演で言うと、女性はドッと笑います（笑）。

宮田　実は養蚕のことはあまり考えていなかった。「隠し田」とか、畑の一部を耕してホマチにしていた、というふうにしか思っていなかった。そこから上がってくる利益も、微々たるお小遣い程度ではないか、と。ところが、宮本常一さんは、女性は自分で稼いでいた部分がかなり大きくあって、孫には祖父さんよりも祖母さんが人気があるというのは、ホマチを持っているからだ、という説明をしていました。

一九三〇年代の民俗学は、すでにそういうデータを各地から発掘していた。そういう問題が柳田国男の民俗学講習会で示されたにもかかわらず、資料として放置されていたために、女性史の基礎を築くような重要なデータにまとまらずに終わっているんです。歴史学は王道の学問ですから（笑）、民俗学のやっている民間伝承研究は視野に入らなかった。網野さんは、それから六十年遅れて出てきたことになる（笑）。

網野　いや、歴史学と民俗学は対抗していた時期もありますが、相互に影響しあっていると思います。

宮田　たぶんそうだと思う。歴史学は社会構成史という枠組みで考えていて、民俗学は民間些事といって、細かな具体的なデータを通しながら日本文化を見ようとする。交錯するが、全体の社会構成の中に位置づけられるとき、「なぜか」という質問を発せられるとその中の一部に挟み込まれ、歴史民俗学はモザイクの一部になるしかなかった。つまり、矮小化されていったわけです。

柳田さんは、それを問題にして歴史の全体像を見ようとしたにもかかわらず、できなかった。そのツケが今きている。網野さんが大声を張り上げているのにもかかわらず、「あるいはそうかもしれない」という程度の反応ですね。まあ自主性がないといわれればそれまでですが、民俗学は豊富なデータを握っている。それをどんどん出していく必要がある。

網野　そうでしょうね。

宮田　具体的なフィールドを積み重ね、こういったいかがわしい段階を突破する世代が形成されれば、歴史学とセットになり、うまくいくんじゃないかという気もします。

網野　私は、「今年は繭の値段が高い。うまく売れたからお小遣いをいつもよりたくさんあげるよ」とあるお婆さんが言っていたという話を聞いたことがあります。ですからみる必要があります。

養蚕の収入は、ホマチではなくて、おそらく、公然と女性が仕切っていたのだと思います。もちろん、男も口を出したでしょうけれど……。そのへんをもう少し綿密に考えてみる必要があります。

『女工哀史』や『あゝ野麦峠』にしても、確かにああいう事実はあったでしょうが、近代に入って最初のストライキは、確か山梨県の雨宮製糸の女工さんたちが組織したものだったと思います。製糸工場や紡績工場は女性しかいない職場、つまりこの産業は、女性なくしては発展できなかったのです。山梨の小さな製糸工場の話を聞いてみると、女工さんは二、三十人いるのですが、仕事が終わるとお風呂に入ってお化粧して、風呂敷を抱えて三々五々帰っていくという光景が見られたようです。『女工哀史』の話とは必ずしも重ならないですね。

低賃金や劣悪な労働条件があったことはもちろん事実で、否定する気は毛頭ありませんが、それだけではない。男の知らない、男が入れない女性だけの世界であったことも確実で、その中で何が起こっているのか、男にはよくわからないと思いますね。女性同士のあいだにもちろんボスもいたでしょうが、それなりに女性たちの秩序があったはずです。民俗学や近代史研究でも、そういう角度から製糸工場や紡績工場の女工さんをとらえなおす必要があるのではないでしょうか。

明治になって生糸産業が猛烈な発展を遂げることができたのは、すでに弥生時代以来の長い養蚕の歴史と広い範囲にわたる女性による養蚕や紡織の技術的基盤があったからだと考えた方がいいと思います。

宮田　そのとおりですね。女性特有の生活意識や、相場や経済のからくりに対する独自の考えがあるはずです。男の側は十分わかりませんから無視してきた。たとえば、村の「月小屋」に籠って、ほぼ同年齢の女性たちが生理のあいだ合宿をする。基本的には生理による血穢（けつえ）にもとづくわけです。江戸時代には「穢（けが）れ」や不浄観という意識が日常生活に濃厚に入っていました。ひとつの村の中で、女性が四、五人同じ時期に生理となれば隔離されて生活したわけです。女性たちが合宿しながら何をしているのかは測り知れない。男たちは、考えるだけでも恐怖におののくわけです（笑）。

一カ月の中の約一週間、女性が家族と離れて合宿生活をすれば、当然その間彼女たちは話し合いもしたはずです。その結果彼女たちは意識変化を起こしたでしょう。男とは違った独自の世界観が生まれてくる。そういう部分は記録に残らず、民間伝承を持つだけです。民俗学は民俗的事実として資料は集めているわけですから、それをさらに体系化する必要がある。

網野　桑や養蚕についても民俗資料をきちんと集めておかなければならないと思いますね。最近、山梨に行ったときに話を聞いたのですが、養蚕にからむいろいろな言葉があるようですね。たとえば蚕が脱皮するときに動かなくなるのを「ひきる」というそうです。蚕の成長過程を表現するそうした独特な言葉があったはずです。農業関係の言葉は民俗学によって熱心に収集されてきたわけですが、養蚕や織物についての独自な日本語を今のうちに集めておかないと自然消滅してしまうのではないでしょうか。

宮田　そのとおりです。「忌み言葉」や「忌詞」は、特定集団だけで通じる一種のメタファーでしょう。それを持っていることは、そこに独自の民俗が発生している証拠です。柳田国男の「民俗語彙」の収集は、農民を対象にしていたため、生業が稲作中心の語彙ばかりになったわけです。

網野　ですから、「棉作・織物民俗語彙」や「養蚕・織物民俗語彙」のようなものが、当然あっていいと思います。

宮田　そういった言葉が、明治以降の近代工業化の中で一気に失われてしまった。

網野　養蚕は敗戦後しばらくは生きていますよね。

宮田　習俗としては残っているでしょう。

網野　養蚕を本格的にやってきた女性は、まだわずかに生きていますから、間に合ううちに語彙や民俗の収集を早くやった方がいいと思います。

女性は〝動産の権利〟を確実に持っていた

宮田　ちょっと話が変わりますが、ホマチという言葉は民俗学では語源が十分にわからない。たまたま『神奈川大学評論』（二八号）の中で、ホマチの語源がわからないということを書いたら、読者の方から牧野富蔵の説として、航海の「帆を待つ」という説があると知らせていただいた。

僕は、民俗学上、ホマチは「掘る」「耕す」という意味に取っていましたが、牧野説では「港で日和見をする」船人の言葉になる。漁民が嵐のために避難して港で待機している、その間に稼いだのがホマチという。確かにホマチという言葉はわからない。ヘソクリはお臍を巻く程度の小さなものですから、非常に微々たるものを指しているはずです。

網野　それは面白い説ですね。

宮田　その帆待ち＝ホマチの説は考えてもみませんでした。

ところでオハコという語があり、その語源も面白い。「団十郎の十八番（おはこ）」のように演目が十八種目ある。その台本を入れた箱を「オハコ」という。一方オハコというのは、母親から娘に受け継がれていく小箱のことで、女性がもっとも大切にするものや化粧用具が入っている。嫁入り道具のオハコという小さい箱の大切なものを、ホマチとして女性は動産に持っていた。離縁のときには、それが戻されたわけです。

網野　逆に男が女の嫁入り道具を質に入れたら、それは女性からの離縁の立派な理由になります。法令でもそうなっていたと思います。女性が動産の所有権を強く持っていることは、わかっていたのですが、その根拠がどこにあるのかということが、養蚕に気がついて少しわかったように思います。

宮田　「ワタクシ」という言葉の原型は、オハコとかホマチといった私有財産にあることがわかっています。この「私は……」という言葉のワは、日本語では古くからある、「ワ」というものを大切にした語彙があるというのが、柳田国男説です。

柳田さんは、ワタクシという言葉を、昭和天皇が「私は」と使ったために日本語が乱れたと言うんです（笑）。ワタクシは本当は庶民の言葉であり、天皇は本来朕（ちん）という言葉を使った。ところが戦後、ワタクシという言葉を使ったために天皇の権威が失われているという。そういうケジメのつかない日本語になっては駄目だと、『国語史のために』の中で書いています。

網野　それにもからみますが、皇后が養蚕をやり、天皇が田植えをするのは、天皇家もなかなかよく考えていると思いますが、皇后の養蚕はいつごろから始まったんですか？田植えについては明治になってからではないのですか？

宮田　江戸時代の天皇は、御所の中に田んぼを持ち、農民に来てもらって耕していた。ところで天皇家が単婚夫婦で一夫一婦制になったのは明治以降のことでしょう。

網野　ただ女官がやってる可能性はありますね。私自身も調べなおしたいと思います。先ほど言ったように富岡製糸工場は士族の女性が働いていますが、そうだとすると武士の女性が養蚕をやっていることになりますし、遊女も養蚕をやっていたようですからね。

宮田　折口信夫の考えに従えば、祭儀に使う浄衣は、神の妻（巫女）、中宮でも皇后でもいいわけですが、彼女たちがその着物を作ったわけです。

網野　そうしたことは世界的にも考えられますね。神に仕える女性が織物をやる話はギリシャにもありそうですね。

宮田　ギリシャ・ローマ神話では女性の神が非常に強い。太陽神アポロンは妻の女神から逃げ回っていますよね（笑）。

網野　ギリシャの古代社会は家父長制の社会だといわれてきましたが、考えなおす必要があるかもしれませんね。古代ギリシャ史家の村川堅太郎さんから、古代ギリシャ神話に登場する酒神のディオニュソスの世界では、たいへんに露骨なセックスの世界が展開されていると聞きました。村川さんは、そうした世界に非常に強く関心を持っておられましたね。

宮田　村川さんのお弟子さんの桜井万里子さんやその他の女性研究者たちによって、古代西洋史上の巫女の生態が実証的に研究されています。

「織物と女性」は世界史的なテーマ

宮田　ところでギリシャ人を母に持つラフカディオ・ハーン（小泉八雲）は、日本に来て『古事記』『日本書紀』の世界を知ると、それがギリシャ・ローマの神話世界と同じだ、という感想をもらしていた。ギリシャ・ローマ神話を生んだ地では途絶えてしまった文化伝統が、彼が来日したころの明治の日本には残っていると、感極まったわけです。

網野　南米のペルー史を研究している長男の徹哉に聞いた話ですが、インカに仕えるアクリヤも、織物をやっているそうです。織物と女性は世界的に普遍なテーマかもしれませんね。

宮田　南米にはアルパカがいますから、毛織物ですかね。

網野　その中で高級な織物をアクリヤが織っているのだと言っていました。

宮田　もし遊牧民の女性も織物をやっているとすると、世界的な話型が生まれますね。

網野　そこまではわかりませんが、ヨーロッパの羊の毛織物は女性がやっているようですね。

宮田　遊牧民で思い出しましたが、モンゴル遊牧民の住居のパオと、天皇が即位するときに川原で禊（みそぎ）をしますが、そのおりに川辺にたてられる百帳（ひゃくちょう）という小屋がそっくりな形をしています。天皇は川で体を清めながら、その小屋に入って何日かお籠りをする。そうした精進潔斎（しょうじんけっさい）を経て天皇位に即（つ）いた。それは『北山抄（ほくざんしょう）』（平安中期の有職故実書）などに、天皇即位の儀式として記録されています。その白い籠り屋と、モンゴルのパオの形状とが似ているのはなぜかということになる。考古学の増田精一氏が、それを結びつけようとしています。

両者を結びつけるヒントになっているのが、折口の『髯籠（ひげこ）の話』でしょう。髯籠とは神の依代（よりしろ）というか、神霊を受ける道具で、それを折口が発見した。彼の発想には、天皇即位の大嘗祭のときに、天皇が白い衣に包まれる。その姿は蚕の繭にそっくりです。白い衣を脱いで現れるという儀礼は、蚕の脱皮新生と類似しているわけです。折口は直観的に、その様子から霊魂（天皇霊）の入替えが行われていると想像したのではないでしょうか（真床追衾論（まとこおうふすまろん））。それが、男帝か女帝かは、日本古代史の神秘的な部分でしょう。女帝がそれをやるとするなら整合性がある。百帳という小屋の中にお籠りをするからです。

賀茂川の岸辺にたてられた百帳というのは不思議な建物ですね。民俗学者の吉野裕子さんもそのことを説いている。折口の髯籠論にも連なる気もする。天皇の籠る百帳が遊牧民たちの移動する天幕式の小屋と類似するという説は、「騎馬民族」との関連にも広がっていきますね。

【5】〝老人の役割〟を認める歴史を発見する

隠然たる力を発揮する隠居たち

網野　近年の歴史学の動向を見てつくづく思うのは、これまでの歴史学は成年男子の歴史だったということです。歴史は進歩するものであり、歴史家は進歩の担い手を研究しなければいけない、という見方がふつうでした。そうなると、どうしても農業の発展が中心のテーマになり、おのずと男の世界が主に問題になることになります。学問の論理もそうなってしまいました。

さらに時代が新しくなると、工業の発達が中心的テーマになり、日本資本主義の担い手である男性労働者しか出てこないことになります。製糸・紡績の女工の役割は、負の世界としか考えられなかったのです。女性の役割を歴史家が本当に考えはじめるのは、一九七〇年代の後半ぐらいからでしょうね。しかし、養蚕・製糸には目が向いていません。年寄りや童（わらわ）に対する関心も、やはりそのころから歴史学の世界では顕著になってきます。

童の研究は、最近いろんな意味で進んできました。「男色」をはじめ、大人になってからも童形、禿（かむろ）の姿のままでいる男性の存在など、いろいろな方面からの研究がされています。最近、赤瀬川原平さんの「老人力」が話題になっていますが、年寄りの研究はまだまだで、一応関心を持つ歴史家もいると思いますが、歴史学では全体としてあまり活発ではありません。

たまたま能登の時国（ときくに）家を調査したとき、両家の問題にからんでいろいろと失敗し、苦労しましたが、能登をはじめ北陸から近江（おうみ）にかけて、「庵室」と書いて「アゼチ」と読む言葉があります。アゼチについては『民俗学事典』にも書かれていますが、「畔地」というのは間違いで、アゼチは庵室という言葉から変わったことは確実です。鎌倉時代の末の近江の葛川に関わる地図の地名にも庵室と書いてあり、次の時代の地図ではそれが「アゼチ」に変わっています。

宮田　仏教でいうイオリの庵室とは違うんですか？

網野　もちろん関係があります。庵室は出家してから住むイオリのことで、それがアゼチという言葉になったのですが、隠居をアゼチともいったわけです。能登の古文書も、一方は漢字で庵室となっているところがありますが、一方は平仮名で「あぜち」と書いてあるものがあります。他にいくつも例があり証明できますが、「アゼチをする」ということは、「隠居をする」ということなのです。

能登では、アゼチになると村の公事(くじ)を負担しなくてもよいのですが、少なくとも家の問題については、隠居の後もアゼチやその妻のアゼチオカカは隠然たる力を持っています。

宮田　アゼチのオカカとは、バアさんのことですか？

網野　そうです（笑）。アゼチであるオヤジが死んでからもオカカに対しては、オモヤ、主屋の方から飯米を運んだり、土地や下人や牛・馬も与える待遇をしています。こうした例は、時国家だけではなく、奥能登の他の家でも証明することができます。大きな家のアゼチは、独自に家を作ることもあったのです。時国家では江戸初期にアゼチのいた家とアゼチの所領が前田家領になり、オモヤの方が土方(ひじかた)家領（のちの天領）になったため、家が二つに割れてしまったのです。のちの時代になると、アゼチの夫妻が亡くなると、家も財産もすべてがまたオモヤに戻ることもありました。

このアゼチを見て頭にピンときたのは、日本に伝統的に存在する「二重構造」です。大御所と将軍、院と天皇、大殿(おおとの)と摂関、得宗(とくそう)と執権の関係ですね。こうした現象が世界的にあるのか、日本だけなのかが問題ですが……。どうも日本特有のようにも思います。

宮田　老人支配ということですね。

網野　老人の発言権をある程度まで公的に認めています。支配者、権力のあり方だけでなく、村落社会の宮座（神社の氏子の祭祀組織）も、隠居や年寄りの役割を広い意味の公の世界では認めていますね。こうした習慣が日本の社会にはあると思います。
　時国家を調べているうちに、アゼチのあり方も、そうしたことと無関係でないという気がしてきたのです。宮田さんが書かれた『老人と子供の民俗学』（白水社）を拝見しますと、宮座の隠居衆の役割はまさにそれで、宮座は集団としての隠居たちが支配しているともいえます。
　ところが、私が見たかぎり、能登ではアゼチはそういう集団にはなっていません。時国家もそうですが、個々の家に即して見ると、明らかに隠居した者の発言権は強いのです。夫婦ともに相当に強い発言権を持っていると思います。隠居するときは、夫婦で隠居しますが、夫が死んでも、アゼチの発言権は妻、オカカに移行し、アゼチオカカが権限を持っている。
宮田　宮座の場合には、バアさんはあまり力がない。男性の司祭者が中心ですから。
網野　そのようですね。
宮田　夫婦神主といった夫婦の二人制の神主は少数で、稀なケースです。ですから、宮座の隠居衆は男が圧倒的な力を持っていて、年齢階梯制によって上がっていく。三重県神島の例では、宮持とよばれる当屋神主が終わって引退した人たちが隠居衆として絶大な権限を持つ。村で訴訟事が起きて侃々諤々（かんかんがくがく）になっても、最終判断は隠居衆が行いほとんど間違いない決定になる。
　日本の老人を語る場合には、山折哲雄（やまおりてつお）さん（宗教学者）が言っているような媼（おうな）と翁（おきな）では翁の方が神に近いというイメージがある。しかし、男の方は制度的な存在ですから、スピリチュアル・パワーみたいなものになると、媼の方に注目しなければならない。
網野　そうですね。お聞きしているかぎりだと、先ほどの養蚕の問題の流れで、宮座も見直してみる必要があると思います。宮座でも隠された「女の座」があるのではないですか。
宮田　ええ。

「囲炉裏バア」とアゼチのオカカ

網野　院政という制度は法的には本来なかったのです。ただ太上天皇（だいじょう）が天皇と同じ待遇を受けるという中国大陸の法制にはない規定が、日本の律令にはあったので、それが前提となってこうした制度ができたのだと思います。表の公的な行事は天皇がやっていても、実質の公の政治は、隠居した天皇、上皇＝院が握っているわけです。もうひとつ、日本の場合、天皇の母や皇后、内親王である女院（にょいん）の発言権が意外に強いのです。
宮田　どういう点が強いんですか？

網野　鎌倉時代の天皇家領は全部女院の名前が付けられています。八条院領、宣陽門院領、七条院領、昭慶門院領、みなそうです。つまり経済的な力を女院が持っていたのです。実際、天皇の跡継ぎを決めるときには、女院に必ず相談をもちかけています。

宮田　女院というと、年齢的には？

網野　若い女性から年寄りまでいますよ。

宮田　老人がなお支配権を握るというのは当たり前のことだったわけですね。

網野　現在の会社組織にも会長と社長がいる。こんな制度は欧米にはないんじゃないですか？　リタイアしたようでリタイアしていない。

宮田　武士の社会には後見役みたいな形で実権を握る「ご隠居」がいます。

網野　「水戸の隠居」の場合には、また少し別の意味があるかもしれませんが、「大御所」はまさしくそうです。よく江戸後期の徳川家斉の時代を「大御所時代」といいますが、彼は将軍職から退いて隠居したあとも隠然たる力を持って幕政を押さえていたので、こういわれているのです。そうしたケースは秀吉と秀次、家康と秀忠のときにも見られました。鎌倉期の北条氏の得宗と執権の関係もそうですね。同じようなことは室町幕府にも見られます。

先ほど言ったように、古代の律令の太上天皇が天皇と同格だというのも、同じ習俗を背景にしているのでしょう。中国大陸の王朝には皇帝と同格の地位などはないようです。

天子は一人だけでなくてはなりませんからね。

宮田　神の姿が、老人のスタイルを取るというのは不思議です。なぜ意気軒昂たる若者のイメージで描かれないのでしょうか。つまり、老人でなくては神様としては通用しない。民俗的事例でいうと、「竈（かまど）を分ける」というかたちで、長男を残して二男、三男を連れて老人が隠居する。隠居は、「隠居免」の土地を持つけれども、同時に先祖の位牌を持って家を出ていくわけです。そしてさらに二男、三男を養育し、二男が独立すると、また三男を連れてその家を出ていく。

網野　末子相続になるわけですね。

宮田　竈は家の象徴だからその火を分けて持っていくこともある。先祖の位牌を持っていくことは重要で、そうした事例を残している場合は、老人の持っている祭祀権との関わりが注目されます。また老人が、爺さんなのか婆さんなのかも重要です。今でも聞かれる語彙ですが、囲炉裏（いろり）から「囲炉裏バア」という妖怪が出てくるという。妖怪がいるから囲炉裏の火は消してはいけないし、囲炉裏に不浄なものを入れたりしてはいけない。

囲炉裏の火は竈の火とも通じて家の象徴です。その火を支配している神様、つまり竈神は「三宝荒神」という道教的な陰陽道の神格です。この囲炉裏バアは女の妖怪ですね。囲炉裏の火を管理しているのは主婦だからバアなんでしょうが、その婆さんが先ほどふれた「アゼチのオカカ」の機能だとすると、文献と民間伝承が一致するわけです。

網野　囲炉裏は、家の中のいちばんの中核の場所ですが、そこを女性が押さえているわけですね。中世史家の保立道久（ほたてみちひさ）さんが指摘したように（『中世の愛と従属』平凡社）、家の中のもうひとつの重要な場所である納戸は、夫婦のセックスをする部屋であると同時に、蔵でもありますが、これも女性が管理しています。

　中世には土倉や借上（かしあげ）など金融業の経営者に女性が多いのですが、これは蔵を管理するのが女性だという慣習を背景にしていると思います。

　それから家の権利についても、意外に女性が強い権利を持っています。もちろん例外なしというわけではありませんが、家地の売買については、少なくとも中世の前期は女性の名義になっている場合が非常に多いのです。志摩国（三重県志摩市）の泊浦（とぼうら）（鳥羽）の江向（えむかい）の事例では、家主の名前に女性が非常に多く見られます。家の本質的部分に女性が関わりを持っているのではないでしょうか。たとえば蔵とか今の囲炉裏とか……。

宮田　民間伝承の婆さんと中世史料に現れる女性がつながるかどうか？

網野　それが問題です。

宮田　囲炉裏には横座と嬶座（かかざ）と客座と木尻の四席があり、主婦は嬶座と決まっていた。嬶座に座ってヘラを握りご飯を配分する。また財布も握っている。「ヘラを握る」ということは、主婦権を持つという考え方があります。そのヘラを譲るということは、嬶座から引退することですね。主婦が嬶座に座るのは普通三十代の中ごろでしょう。「シャモジ渡し」ともいいます。

網野　隠居した母親は、父親とどういう関係になるのですか？　主婦権を渡して隠居することは、女性の隠居ですよね。隠居したあとの母親の問題と公の家長権はどういう関係になるのですか。

宮田　戸主権と主婦権とはズレるんです。つまり、家の中での女の主導権争いの中で、主婦自身の持っている権限を渡さざるを得ないような状況になるのは、それぞれ地域差があります。どういう時点で譲るのかというと、やはり子供を育て上げ、女として一人前になったときの判断でしょう。

一般的には、嫁座を譲るに至るまでの嫁と姑との確執が非常に激しい。「姥捨て山」の表現のように、捨てられるのはお婆さんです。中国では六十歳の男主人を捨てますが、日本では姥捨ては「姥」というのをわざわざつけている。お婆さんを捨てる形にしているわけです。嫁座を奪われて、嫁が権限を握ったところで捨てられてしまうわけです。

ところが、嫁と姑の中に入った息子は、姥捨てのため母親を背負いながら山奥へ行った。そのときに母親は、我が子が帰り道で迷子にならないように柴を折っては捨てていく。そのことを息子が知って母の愛を知り、母親を捨てることをやめて連れ帰るという美談になるわけです。しかしその背後には、なぜ捨てられなければいけないのかというと、嫁座を奪われた姑の末路が、現実的にもそういう状況に近かったことが反映しているのかもしれません。
それでは日本でお婆さんをなぜ捨てるのかというと、これは日本的な女性文化の反映なのかもしれない。「姥捨て山」は江戸時代にできあがった伝説で、嫁と姑の激しい争いの中で、嫁がだんだん強くなるイメージが伝説のもとになった、ということになる。深沢七郎がヒットさせた『楢山節考』のおりん婆さんは、そのモチーフを生かしている。いい嫁・悪い嫁の対照で、昔からそうしたモチーフがある。しかし、中国の事例にはそうした形での親捨ては出てこないんです。

網野　それは面白いですね。宮田さんは『老人と子供の民俗学』の中で、お婆さんはあまり日本の社会では積極的な役割を果たさない、と言っておられますね。

宮田　そうなんです。先にふれた妖怪のババや姥捨ての姥が実子をかわいがる心境はわかるんですが、社会的な機能は、婆さんの場合にはあまりない。嫗と翁の関係でも、翁の方が中心に描かれ、翁の神聖な姿にお婆さんの嫗が付属しているかたちですね。

網野　確かにそうですね。

誤解されている二男、三男のあり方

網野　先ほどの能登の「アゼチ」と「アゼチオカカ」は、どうも並行していて、爺が死んでもオモヤ側はアゼチの婆、オカカを以前と同じ扱いにしています。爺と婆が一緒に隠居をしているわけです。しかし能登でも隠居をするときは、二男、三男を連れていきます。

面白いのは、時国家のような大きな家だからかもしれませんが、息子たちをみんな都市へ出して商人にしています。宇出津（うしつ）という都市に家を持たせて時国屋と称します。石高はないので、確かに二男、三男は身分的には「水呑」になりますが、決して貧しいわけではありません。「水呑」でも金持ちの商人です。土地は分けないのです。他の家でもそういうことがあるようです。

宮田　明治・大正期ごろに各地に鉄道が敷かれ、駅前通りが開発されると、そこに金冠をかぶせる歯医者や金ぶち眼鏡の眼鏡屋といった流行りのお店が並びますが、店主はみな田舎の二男、三男が分家して外へ出てきて駅前に集結したというパターンがあります。

網野　そうしたパターンは明治以降だけではなく、江戸期にもあったと思います。今まではこれは惨めな二男、三男のあり方だと考えられていましたが、必ずしもそうではないですね。時国家の二男、三男は、町に出て立派な家を持ち、商人になっています。

二男、三男のあり方を、いつも悲惨な方向に持っていって、土地も分けてもらえないから「結婚もできなくて」という話になることが多いのですが、都市や村落で展開されている日本社会の非農業部門は、われわれが思っているよりもはるかに広く、比重が大きいのです。ところが百姓は全部農民だから八割が農民だ、という今までの感覚、間違った思い込みで江戸時代を見ると、その実態がまるでわからなくなります。実際、能登の百姓の中には、農業以外の生業に携わる人がたくさんいるわけで、水呑の中にも商工業者や廻船人の水呑、つまり都市民が非常に多いのです。土地を持たない商人、手工業者は身分的には水呑になりますし、百姓といっても農業以外の生業を主な飯の種にしている人たちが多いのです。ですから隠居がアゼチをしたときに連れていった二男、三男の進む道も非常に広いといえます。

今までは田畑を中心に考えすぎてきましたので、二男、三男は分けてもらう土地がない、ととらえられてきたのですが、彼らの活躍する舞台は意外に広いのです。たとえば能登から北海道の松前へたくさんの人々が行っていますが、これまでは、こうした人たちは食い詰めた農民が松前に流れていった、といわれてきました。しかし、事実はたいへんに違っていますね。能登の商人が松前に支店を出し、二男、三男を送り込み、相互に絶えず交流を持っていたこともあると思います。

しかし最近、色川大吉さんが『世界』(一九九八年一月号)で佐高信さんと対談をして、「自由主義史観」に関連して、司馬遼太郎さんの明治時代観について話をされていました。私は、司馬さんのお仕事の中で、明治維新についての評価が高すぎるし、少し甘いのではないかと思っているので、お二人の司馬批判については大いに賛成なのです。ところが対談の中で佐高さんが、「日本は八〇~九〇パーセントが農民ですからね」と言われたら、色川さんが「そのとおりです。そういう世界だから……」と答えている。これではもうぜんぜん駄目だと思いました（笑）。

宮田　色川さんは柳田国男の常民論によっているわけだから、そうなるわけです（笑）。

網野　近世史家の尾藤正英さんも同じように八〇～九〇パーセントは農民と言われるのです。

宮田　それはもう近世史の常識なんですよ。

網野　この常識は簡単には崩れそうもありませんね。「蟷螂の斧」というか、無力感に陥りますね。いくら言ったってそれは例外とまったく無視されて、平然と今までどおりにやられる。言えば言うほど「百姓は農民」と、わざとそういうことを書く人もいますね。『神奈川大学評論』（二八号）の赤坂憲雄さんとの対談の冒頭で、私の本は「焚書」だって言ったのですが、これは決して誇張ではないですよ。

宮田　「憎まれっ子世に憚る」っていうから。

網野　「八〇パーセントが農民」というのは絶対におかしいのです。「百姓が八〇パーセント」なのです。それが農民が八〇パーセントになったのは、「壬申戸籍」が百姓・水呑をすべて農にしてしまったからです。その結果、明治七年の公式統計が、農が約八〇パーセントになるのです。だからこの「百姓＝農民」という「常識」は、二、三十年たってもひっくり返ることはないでしょうね。百年にわたって日本人の頭に刷り込まれてきたわけですから。

戦後の農地改革で、山林問題を全部飛ばしてしまったのが結果としてマルクス主義者たちだったことを考える必要があります。マルクス主義者も農業しか見なかったわけで、講座派も労農派も封建的地主的土地所有、地主制を基本として考えていました。日本の地主は山林も持っているし、養蚕をやり、酒を造り金融もやっています。そうした複合的なあり方が百姓の基本だったので、「地主」はそれがさらに多様になっているのですから、「地主」と規定しただけでは正確ではありません。

十分な能力を持った「女相場師」

宮田　先ほどの二男、三男の話ですが、二男、三男の眼鏡屋や歯医者は、入れ歯や眼鏡の流行をいち早くキャッチして、駅前で商売を繁盛させていた。

網野　それが都市の民俗学の視点ですね。

宮田　眼鏡屋や歯医者の話は近代の場合ですが、それが村でも時代ごとに繰り返されていたと思うのです。

網野　そうした視点がこれまで欠けていたのは、日本社会＝農業社会という思い込みの非常にまずい影響だと思います。商業もありますし、先ほどから言っている養蚕もそのひとつです。製紙、酒造り、紺屋、金融等々いろいろな生業があって、それぞれに食べていける状況が広くあったと思いますね。

宮田　武士は落ちぶれますが、農民の二男、三男、とくに畑作物の相場などをしょっちゅう研究してますから、視野も広く相場もよく見極められる。彼らはどんどん率先して商業に従事できるわけです。そうした能力は女性にも多分にあるんですね。女相場師です。

網野　養蚕の世界がまさにそうだと思いますね。女性の計数能力は高いですよ。

宮田　そう、それとつながる。一九三五年に行われた柳田の民俗学講習会のときに、富山などの女相場師についての報告がされていた。女性には経済的な能力があり、コンサルタントもしており、家計を十分に握れるわけです。今のサラリーマン社会でも当然ながら主婦が財布を握っている。

東南アジアの留学生が言ってましたが、教科書には「日本の女性はひたすら男に仕えて、家の中に引っ込んでいて、奥さんといわれるのも名前のとおりで、そういう女性たちがサラリーマンの奥さんになっている」と記述されていたらしい。彼ら留学生が日本でその実態を調べてみると、六割か七割、女性の方が財布を握っていることがわかる。

アメリカ在住の文化人類学者の大貫恵美子さんは、「アメリカの家庭では女性は財布を握っていない。亭主から小遣いをもらう立場だ。自分の研究費は大学が保障しているし、フェローシップがある。だから細かい家計のことはほとんど知らないのです」と言われてました。それが当たり前らしいのですが、日本の社会では、明らかに財布を握っているのは女性の方ですね。

網野さんのところも奥さんが財布を握ってるでしょ？

網野 そのとおりで、私の財布にはいつも三万円ぐらいしか入っていません。

宮田 それが伝統としてあって、東南アジア留学生たちはびっくりする。教科書の書き方とはぜんぜん違う。

僕は妖怪が大好きですが、江戸時代の妖怪は女の人が多い。今までの解釈では、虐げられた女性が、家内で中傷され三角関係を清算させられたあげくに殺されて怨霊になるというストーリーが多かった。しかし、怪談の中には女性が家の分を守らずに、家のおカネを勝手に使い、相場につぎ込んで稼いだりしたことで罰せられ、その怨霊が出てくるという怪談も意外に多い。

つまり、家の主婦が余計なところにおカネを注ぎ込んで家庭を乱してしまい、自殺に追い込まれたりする。とくに火車（かしゃ）という化け物は、勝手なことをして死んだ女性があの世へ行くときに襲いかかってきて、その遺体をひっさらう。こうした話は、女性は身持ちを確かにして家を守っていなくちゃいけない、と説くときに使われた教訓でもありました。

網野 だいたい商家では女性の地位が高いですね。女将（おかみ）という言葉が使われる世界は、宿屋や料理屋のように、動産の世界ですね。商業や交易、交通の世界に関わりがあるわけですが、公の世界にはみな不動産＝土地がからんでいます。

税金を出すのも建前は男です。土地が税金の基礎になっていますから、公は男の世界になるわけです。今までの歴史の見方は、この面だけを見てきたといってもよいですね。しかし、裏の世界、動産の世界での女性の力は大変なものだと思いますよ。女相場師の存在は知りませんでしたが、相場を見る力は女性には十分ありますね。

ある近代史家は「生糸の相場を女性はよく知らないから商人が安く買いたたいている」などと書いていますが、私は、女性がそんなに簡単に買いたたかれるようなことはないと思いますね。そうとうしたたかだったに相違ないので、それをむりやり押し込めようとするから女性が怨霊になるのではないでしょうか。

宮田　弱き身分、差別される者としてしか女性や老人をとらえられず、それをひっくり返すデータが日常的にあるということを、女性史でも体系化する必要がありますね。

網野　そう思います。年寄りの場合は、確かに弱き者であると同時に、ある面ではかけがえのない知恵や経験の力を持っているという側面がある。そういう意味では、単純に「弱き者」とはいえませんね。同様に弱き者と思われてきた女性が、強き者と思われていた男の世界を実質的に押さえているともいえると思いますね。

実際、時国家の隠居、アゼチの力は極めて強いですね。アゼチが「自分の方にもう少したくさん田畑や下人をよこせ」とオモヤの長男に言うと、息子は必死で「まあ、そう言わないで」と防戦する。アゼチが、「前に三分の一分けたことがあるのだから、今度も三分の一を分けろ」と言うと、息子は「これ以上分けたら家が駄目になりますから、それはやめてください」と言う。

結局、息子側が「アゼチが亡くなったら元に戻す」という約束をして最終的な解決をみるのですが、アゼチの方は「こういう親不孝な子供は葬式に来るな」と言いだして、本当に息子は葬式に行けないのです。これは上時国家の寛文のころ（十七世紀中後期）の例ですが、このときはアゼチオカカが死んで、すべてがオモヤにかえりました。

村の公の会合や年貢の負担はすべてオモヤがやりますが、隠居は実態として家については非常に強力な力を持っています。これを見て「院政だ」と思いましたね。

女性の長年の恨みと〝鬼婆〟のイメージ

宮田　潜在的観念として「老人は敬わなくてはいけない」というのは儒教の特性ではなく、人類共通のものなのでしょう。世界の各地域の部族社会は長老制を持っています。しかし日本の電車のシルバーシートなどというのは他の国にないでしょう？　わざわざ老人の座る席をこしらえている。そこに若者がいばりくさって座っていると、非難を受けるでしょうから。

拙著の『老人と子供の民俗学』でもふれましたが、お祭りで老人が座席がなくてうろうろしていると、老人だけ隔離してお祭りが見られる席をこしらえた話もある。

網野　この御本の六五ページの記述によると、八人の長老衆の名称に「左の一番尚」とあります。この番尚というのはお寺の「和尚」と同じ意味ですね。

宮田　ええ。ワショウという言葉もあります。

網野　中世文書にも「和尚」は出てくることがあります。これは神社や寺の中の制度的な言葉ではなく、臈次と関係して「和尚」という言葉が出てきます。たとえば祇園社の片羽屋衆という神子の中に「一和尚」「二和尚」という序列があり、文書によって「わんしょう」という読み方があったこともわかります（『八坂神社文書』上）。

宮田　八人の長老は、メンバーズクラブみたいなもので、欠員が出ると員数を埋める。「臈」に従って員数が埋まっていくのでしょうね。

網野　そうですか。お寺の和尚さんは、その後にできた言葉なんでしょうか？

宮田　和尚さんは、たぶんこれが口語化したのだと思います。

網野　中世村落の言葉なんですか？

宮田　神社や寺の言葉ですね。しかし、寺の正式な言葉ではなく、よくわかりませんが、より日常的な世界での臈次の順番だと思います。やはりこういう言葉が民俗の世界に生きてるんだな、と思いました。

宮田　老人が生まれ変わって孫になるというのは、一般的にいわれる口碑です。祖父さんの生まれ変わりはよくいわれます。しかし祖母さんの生まれ変わりとはほとんどいわれない。ところが祖母さんは、独自の強烈な個性と力を持っている。祖父さんの方はよろよろしちゃって、生まれ変わりを想定しなくてはいけませんが、祖母さんの方は最後まで「ババア」として強烈な力で、鬼婆になる。鬼爺なんていないですから。

浅草寺境内の祠（ほこら）に「三途川（そうずか）の婆さん」が祀られている。ソウズカは精進（しょうじん）川に通じ、精進する川は三途（さんず）の川でもある。その婆さんは、あの世とこの世の境に頑張っていて、亡者の衣類をはぎ取る脱衣婆（だつえば）なんです。ところが脱衣爺というのも、かつてはいましたが、影が薄くなってしまった。婆さんの方だけすごいパワーで健在です。

『楢山節考』のおりん婆さんは姥捨て山から戻ってきますが、そういう生命力は女の人の方がはるかに強い。そうした実感があって伝承が生まれるわけです。

網野　先ほどの妖怪と女性の話ではないですが、社会の枠からはじき出された人間の恨みとして女性の妖怪話が出てくるとすると、養蚕と女性とも関係しますね。

実際、古代では農業と養蚕とはまったく違った生業として意識されていました。言葉の上でも、「農桑（のうそう）」といったり、「農夫」と「蚕婦」がはっきり区別されています。それがだんだん「農」の方に「蚕」が取り込まれていく。これが世界的な傾向なのかよくわかりませんが、その長年の恨みが妖怪にも現れるわけです（笑）。糸車をまわしながら恨みごとを語る鬼の姿ですね。女性が最終的に男に押さえ込まれた姿が、鬼婆のイメージを作りだしたのかもしれません。

宮田　どうも網野さんと話をすると、いつも結論はそこへいく（笑）。男は皆駄目になっちゃう（笑）。

網野　駄目と言ってるわけではありません。これまでは女性史家もそういった養蚕や織物など、女性の動産に対する権利の事実を見ていないですからね。この側面を見ないで男性はけしからんとだけ言うのは、一方的だと思いますね。実際、私的な世界では女性がかなり男を押さえつけています。男は表に出ると調子のいいことを言っていばっているわけですが、家に帰ったら女房にやられてしまうのが、日本の夫婦のパターンですよね。フェミニストの運動も、もうちょっとそのへんの視角を持つ必要があると思います。

宮田　そうですね。

【6】古い伝統に裏付けられた「接待」と「談合」の歴史

節度を踏みはずした「官官接待」

宮田　現代社会は、老人支配によるマイナス面ばかりを強調する傾向があります。隠居がいて、老人が威勢を張ることはまったく意味がないのか。また、「談合」などという日本社会の伝統的な話し合い手法もやり玉に上げられている。近・現代社会は前近代から続く伝統を悪いものとして解釈しています。しかしなぜそういったものが温存されるのか、きちんと論議する必要がある。

網野　接待もそうですね。接待の伝統は非常に非常に古くて、酒迎（さかむかえ）（坂迎・境迎）をはじめ、訪れてくる貴人に対する接待は儀礼として不可欠なものでした。中世の荘園経営も、正月の節には百姓と一緒に酒を飲むことが代官たちの不可欠の仕事でした。正月二日には魚肴を市場で買い、トウフを作って清酒、白酒をたくさん買い、代官は百姓に大盤振る舞いをします。この費用は、必要経費として年貢の中から支出しています。それから、百姓が年貢を倉に納めたときにも酒を出し、祭りのときは必ず代官が寄付をしています。それはみな年貢から控除されるわけです。

宮田　意外と近代的ですね。

網野　近代的というよりも、現在が中世と同じなんです。国司の使いが荘園に入ってきたときの接待の記録も残っています。十四世紀初め、元弘三（一三三三）年の備中国新見荘（岡山県新見市）の実例です。国司は総勢七、八十人で二十頭以上の馬に乗ってどやどやと入ってきます。これに対し荘園の代官は、年貢から支出をして、馬の食事として米の粥や豆を用意する。さらに市場で酒や山海の珍味を買ってご馳走し、国司たちを無事に送りだします。これが代官としての大事な仕事だったのです。

百姓と一緒に酒を飲むのも、百姓に文句を言わないで租税、年貢・公事を払ってもらうためであり、有力者への接待は荘園に余計な口出しをしないようにしてもらうためだったわけで、これがうまくできないと、代官として合格ではなかったわけです。十五世紀になると、市場は都市になり、飲み屋ができて、代官はそこで近辺の有力者を接待するようになります。しかし、あまりこれをやりすぎると罷免されますから、そこにはおのずから適当な節度がありました。

最近の「官官接待」は、そうした節度を大きく踏みはずした不埒なことであるのは間違いありませんので、非難されるのは当然ですが、その非難がまったく的はずれなこともあります。私の経験をお話ししますと、ある町の遺跡発掘の指導委員をここ十年ぐらいやっており、毎年現地に伺っていますが、一昨年までは、調査が終わると必ず町長や教育長と一緒に食事をしました。鍋をつつきながら酒を飲むという程度のものですが、去年は、われわれが宿に入ってしまうと何の音沙汰もないんです。こちらから聞くのも変だと思っていましたら、教育長が「最近はうるさいので」と弁明をされていました。

しかし、これぐらい馬鹿馬鹿しい話はないと思いましたね。そういう場でこそ、遺跡をきちんと保存するために率直なことも言えるわけです。公的でいろいろな人のいる場でないところで話し合えて、いろいろなやり方を模索できる場だったのですが、そういうつつましく有用な接待の場が切られて、一方では「巨悪」は依然としてそのまま裏で通用しているのではないでしょうか。もちろんこれからは、自弁でそういう場を作ればよいので、実際にそうなっていますが、このへんに大問題がありますね。

年寄りの役割についても、奥の院とか伏魔殿（ふくまでん）という言い方があって、それはそれで問題にしなければなりませんが、それがただちにすべて悪といえるかどうかですね。年をとった者の言うことは一切聞く必要なし、ということにはならないでしょう。

神仏がかかわった「談合」の現場

宮田　「相談」も「談合」も中世以来の言葉ですが、談合の例は少ないんでしょうか？

網野　たくさんあると思いますよ。

宮田　僕が調べたところでは、談合という地名は全国に三カ所以上ありました。たとえば、談合島というのが島原半島の一角にある。この島は、天草四郎の反乱（島原の乱）のときに、天草四郎と幕府方とが談合して協定を取り決めたという伝説が残っていた。

東京の団子坂の由来も、談合とつながっています。あの坂の奥に根津権現の古社があり、神社へ至る道が聖域と俗界との境界になっている。相談事を村境でするのは「境界争い」の場合に生じますが、その場合の談合形式は、聖のテリトリーである境界で両者が話し合いをして決着する。日本には、元来聖なる場所で談合するという伝統があったらしい。その場合には、接待や饗応、その際に奢りという言葉で表現されるような、神様の前で皆共食する会合があった。ですから、聖域で「神人共食」の場の談合は正当なものだった。現在の談合では聖域や「神様抜き」のやり方が横行している。

網野　今日の談合は、神が不在だから何をしてもバチが当たらないと思っている（笑）。

宮田　つまり談合は饗応とか接待が必ずともなうわけです。それを認めないような制度ができて、談合が形式的なものになってしまった。もともと饗応というのは、貴人や神をもてなすことです。それがそうではなくなり、別の目的のためだけに行われるようになった。本来の伝統が切断された。いつからそうなってしまったんでしょうか？

網野　これはあらゆる問題に通ずる大問題ですね。

今のお話は、市場の問題にも関わります。市場は境に設定され、そこはやはり神の世界に近い場所です。市場では相場を決める談合や饗応、そしてお祭りもやりますし、芸能もあります。それと同時に、これは私流の言い方ですが、市場ではすべてのものが「無縁」になる。つまり「神のもの」になるわけです。このことは中世史家の勝俣鎮夫（かつまたしずお）さんもはっきり言っておられます。だから商品交換ができるわけです。ふつうの場所でものを交換すれば、贈与とお返しで人間の関係がむしろ緊密につながってしまうことになります。ものが「無縁」になる市場だからこそ、初めてものの商品としての交換ができるわけです。

ですから、人間は神の世界へものを投げ入れることによって、初めてものを商品として商品交換をやっているわけです。その場合の交換は、神の場で行われる交換ですから、おのずからなる公平が保たれなければならなかったわけです。アダム・スミスが『国富論』で「神の手」と言っていますが、商品の交換はものを人間の力の及ばない聖なる世界に投げ込むことによって初めて可能になりました。しかし人間は、「人の力の及ばないことをやっている」という意識がないまま、商品交換をしています。これまでの社会主義国は、そうした市場を権力で統制しようとしたわけです。

もともと市場は本質的に、人間の力の及ばないところであり、商品流通はそうした世界を前提にしているわけです。ですから、人間は自らの力を超えることを市場でやっていることになります。この問題は、談合にも関わってきます。

利子も同じで、もともと金融は神仏のものを資本として貸し出すわけです。古代の律令時代の出挙（すいこ）はまさしくそうで、「神へのお礼」というかたちで利息を取ります。ですから、利息にはある限度が決まっていたのです。ヨーロッパでもいろいろな議論があるようですが、日本の場合は元金の額以上の利子を取ってはいけないことになっています。つまり、元金の十割を超える利子を取ってはいけない、という慣習が厳然としてあったのです。このタガが外れはじめる時期がある。

宮田　そこが問題なんです。

網野　神や仏、つまり自然に対する人間の敬虔な姿勢がだんだん弱くなってくるときに事態は大きく変わります。年寄りや子供のとらえ方の変化も、そうしたことと関わりがあると思います。私流の勝手な考え方では、それはだいたい十四、五世紀ごろだと考えます。

宮田　談合にしてもそうですが、「予定調和」という考え方があります。つまり、秩序を維持するために行う手段。談合は「予定調和説」にもとづいている。若干もめても結局はいいところに決まる、という考え方です。そういう秩序を求める体制があって、今日の総会屋もその中に収まっている。それを逸脱してしまったのが最近の実例でしょう。予定調和を求める維持機構としての総会屋や談合のあり方は、他の国にはない。日本にそれが生まれたのは、社会的な体質が予定調和の志向を絶えず持つことにより社会全体の維持が計られてきたからでしょう。

しかし、前提となる神仏を意識する精神が今はなくなってしまった。天皇制システムも、予定調和の維持機構により、儀礼が絶えず行われることによって、事態を徹底的に追い詰めないような社会を維持しようとしている。大きな飢饉が続いても、翌年は必ず豊作になる、どんな不景気からも立ち直る傾向が予測され、世直しが行われていく。それを司るのが老人支配による地域の天皇制システムであり、ムラ社会を構成するさまざまな予定調和維持機構の存在です。

日本の天皇は老人の天皇や幼童の天皇が多い。壮者の天皇は、暗殺されたり退位させられる（笑）。一方、老人と子供は、絶えずその予定調和機構を維持する。幼童はお稚児さんであり、老人と同じように神の力を表現することができるからでしょう。談合自体も天皇制システムの産物じゃないでしょうか。

網野　ともかく談合も接待もそうですが、確かにこれまで日本の社会の長い伝統に裏づけられた維持力が暗暗裡に働いていたと思います。今やそれが崩れはじめた。

このように現在、日本の社会は大転換期を迎えていると思います。コンピュータが世界のシステムを改変し、今までとは違う世界に変わりつつあるようにも思います。私にはわからない世界ですが、既存のやり方では企業がもたなくなり、証券会社の不祥事に見られるように、これまでの会長・社長のやり方が破綻し、それを検察が突いているわけでしょうね。

宮田　銀行などの金融機関のいわゆる「護送船団方式」は、まさに予定調和説にもとづくわけで、いわば談合の体質そのままでしょう。それがいま、崩されようとしている。

網野　崩れざるを得ないのではないでしょうか。あれは誰かが崩そうとしているのではなくて、おそらく今までの方式が破綻しているのだと思いますが、それに代わる適切な方式が見つかっていない。

宮田　世界的には欧米型の観念や概念が強まっている。日本はそれに対抗して、これまで伝統的内発的な形で予定調和の談合方式を持っていたのが、形勢が逆転してしまった。

網野　現代日本では「表の世界」はすべて欧米型になり、談合は陰の世界のことになってしまいましたね。しかし、談合の世界は江戸時代までは商業取引の当然のあり方だったと思います。しかし近代になって表を欧米型にして、これまでの縦書きを横書きにしてみたわけですが、その結果はうまくいかなかったということでしょう。

これから先のことは私には何も言えませんが、われわれに何かができるとすれば、それは「老人の繰り言」だけです（笑）。たとえば、談合にはこういう歴史的な背景があり、こういう意味があったのだ、ということだけでも現代に伝えておく必要があります。

しかも面倒なことに、今までは圧倒的に欧米型の学問が中心だったわけで、まさしく男中心で、農業・工業を中心にしたとらえ方で学問が行われてきました。歴史学の主流もしかりですが、民俗学もそれに抵抗しつつ結局は取り込まれてしまったと思います。日本の学問には、そうした根本的な弱点、盲点があることがわかってきたわけです。

その弱点、盲点を全部ほじくり出してみたとき、どういう実像が現れ、それが現代の問題といかなる関わりを持ってくるのかは、見通しがたちませんが、現代社会がそうした大転換期に差しかかりつつあることは、かなり前から兆候がありましたね。若い人たちの言葉とわれわれの言葉が、だんだん通じなくなるという実感があり、そうした根本的なところで転換が始まっているわけです。

民俗学が描く〝子供の世界〟は存在しない

宮田　ところで子供の世界にも、予期せぬ事態が次々と起こっています。
網野　神戸の「酒鬼薔薇聖斗」の問題にしてもそうですが、まったく思いもよらない問題を子供が呼び起こしています。
宮田　大人たちは、子供の持っている独自の文化に対する基本的理解が十分できなくなっています。

網野　本来、子供たちは子供の世界を持っていたはずです。それが今やバラバラになってしまいました。老人にも老人のあいだに連帯感があったと思います。

宮田　民俗学では、子供の問題は古くからの研究テーマでした。子供組や子供仲間で行われる遊びや行事、とくに神遊びを特徴とする道祖神のお祭りがあり、子供が神主になって祭りをするという事例をたくさん発掘しています。

その中で、たとえば「いじめ」という言葉は、江戸時代の子供社会にはなく、むしろ「いたずら」みたいな話があったり、遊びの中で憎まれ役になったりするという役割があった。それは先ほどの談合における予定調和と同じようなもので、上の子が下の子を社会的に訓練する枠組でしかないわけです。今のような社会的な事件になるような「いじめ」の現象にはならない内規があった。

子供の世界に殺人や自殺が起こるということは、民俗学が描いているような子供の文化世界が現実に機能しなくなってしまった証拠でしょう。それに対して大人は、打つ手がなく、ただ大人の論理で子供の社会を切ろうとするわけです。一時期流行(はや)った『学校の怪談』や『トイレの花子さん』などを、大人たちは子供の単なるお遊びだと軽く見ていたわけですね。

子供の噂話、子供の歌、子供の言葉には不思議な力があります。かつてその力は、

「大化の改新」のときに「移風の兆し」といわれた。子供たちの童謡（謡歌・わざうた）が流行りだすことには象徴的な意味がある。実際に古代の皇極期に子供たちのあいだで童謡が流行した。何か何かと思っていたら大化の改新になったわけです。移ろいゆく時の変わり目に、子供文化の問題が社会化する。

それが今や単なる予兆現象ではなく、もっと深刻な現実問題になっている。いじめ問題を教育学でやってみても埒が明かないわけで、もっと文化的な背景を解明するためには、歴史学や文化人類学、民俗学が積極的に発言すべきだと思います。日本では民俗学をはじめ、そうしたことを研究する動きがまったくなかったわけではなかった。しかし、フランスのアナール派の研究が入ってきて、あわてて子供の研究をやりだしたところもある。

子供を研究対象にするときに、子供は大人の一種である、としてつまり肉体的な成長だけを問題にしたり、内面的には、民俗学が稚児を対象にして、神が降りるときのヨリシロ（依代）とかヨリマシ（寄坐・尸童・憑子）としてしか説明していない。子供の文化を社会的な全体像の中で明確化・示唆していく作業は残されているはずです。

しかも現代は変転目まぐるしく、われわれはまず子供探しをしなくてはいけない。しかし残念ながら、すでに彼らを理解できなくなっている。たとえば中世でも酒鬼薔薇聖斗と同じような事件があったということになるんでしょうか。

網野　そういうことにはならないと思います。ただ子供は「童」といわれますが、「京童」といわれたように、「童」は決して年齢的に子供を指しているわけではありません。

大人が土足で踏み込んだ〝ポケモン事件〟

網野　現代の問題からは外れるかもしれませんが、ワザウタは「童謡」と書くわけで、興味深いのは、ここにやはり「童」の字が使われていることです。これが実際に子供の歌なのかどうかは別として、「童」といわれている点に面白い問題があります。子供は「七歳までは神のうち」ともいわれますが、中世では童の姿をした成年男子は世俗から離れた人間だという考え方が制度的にも存在したと思います。

彼らは何々丸という童名で呼ばれています。牛飼や放免（ほうめん）がそうで、大人になっても何々丸と呼ばれていました。スタイルも童形のまま、牛飼はポニーテイルのような髪形です。放免は髭を生やしていますが、おそらく蓬髪だったのだと思います。このように子供は俗人の世界とは違う感覚を持っていると思われていました。

宮田　天皇の遺体を運ぶ京都の「八瀬（やせ）の童子」がそうですね。

網野　まさしくそうです。

宮田　四十代の屈強な大人たちです。

網野　彼らは、ざんばらの髪で、おそらく烏帽子（えぼし）を被っていないと思います。中世は、そうした童子といわれる集団が社会組織の中にそれなりの位置づけを与えられている時代でした。江戸期になるとこうした人たちは消えてしまい、彼らの持つ呪術性は、やはり十五、六世紀からじょじょに衰えていくのですが、それでも十五、六世紀以降も子供の世界は、大人とは違う独自の世界だという意識ははっきりと社会の中に存在していたと思います。

宮田　子供組の機能があると、社会的な訓練ができるわけです。若者組の指導を受け、いろんな遊びから秩序や社会的ルールをきちんと守るという社会教育が可能だった。しかし、その子供組が近代になって消滅していく。

たとえば埼玉県の秩父では、昭和初年に、道祖神小屋で正月十五日のお祭りのために子供たちが仮宿を作って合宿をしていた。あるとき、子供たちがものを食べたりして寝てしまった。翌朝、その小屋を焼く役割の若者たちが、子供はみんな帰ったと思い込んで火をつけたために子供たちが焼死してしまうという社会的な事件があった。その後、子供の道祖神の祭りが神事から排除されてしまう。

その小屋を作るのも、子供たちが若者組の指導を受けて作った。子供たちは、小屋に泊まって神様をお祭りしていたわけです。観光行事になっていますが、秋田県下の「かまくら」も同じですね。

網野　私の子供のころには、まだ子供組の機能が生きていましたね。

宮田　甲府のあたりでも、小屋をこしらえていたんですか？

網野　これは今でもやってますよ。男性の性器を模したものすごくでかい陽物を藁で作ります（笑）。昔はこうした陽物作りに子供たちが関わりを持っていたはずです。

宮田　性神ですね。性器信仰と子供は密着していて、巨大な男根の前に小屋をこしらえてお祝いをする。そして自分の母親に、その巨大な男根を撫でさせる。別に猥褻でもなんでもなく、「ちんぽこ祭り」とかいって伝統的な文化財の行事として残るわけです。おおらかといってしまえばそれまでですが、性に対する観念も、子供が民俗行事で体験したものと、明治の近代教育の中で教え込まれたものとのあいだに食い違いが生ずる。

網野　敗戦後に山梨の田舎で見ましたが、子供たちの集団が「キッカンジョウ、キッカンジョウ」と言って歩いていました。

宮田　小正月の各家を来訪して物貰いして歩く行事でしょう。

網野　子供たちが、土足で家の中へ飛び込んできたのです。

宮田　正月のマレビトを模した、来訪神のお祭りです。

網野　祖母は慣れたもので、おカネやお餅などを子供たちにやってましたね。私はびっくりして見てましたが、これは子供の勧進でしょうか。そういう習俗が敗戦後しばらくは続いていました。

私の小学校のころの「エンガチョ」は、一種のいじめも入っていたと思います。

宮田　鬼になるわけですね。
網野　鬼ごっこの鬼は約束ごとでなりますが、「エンガチョ」はいわば突如、鬼にされるわけです。
宮田　ウンコを踏んづけると、菌がくっついたことになり、ぜんぜん知らない子にベタッと手を打つだけでその菌が移ることになる。
網野　そうそう。自分がエンガチョにされるときは、誰かが言いだすわけですが、そこにはある種のいじめ意識も入っています。しかし、ワアワアやっているうちに、いじめはそこで解消されてしまうわけです。そういった「装置」が、今の世界にはなくなってしまったことは確かです。「昔どおりに戻れ」と言ってもどうしようもありませんが、子供の世界を、「大人の小さなもの」ととらえてもダメだと思います。昔はそうした意識がはっきりしていて、制度的にもそれがカバーされていたわけで、今度はそうした知恵を、どうやって現実に生かしていくかが大事だと思います。
宮田　「ポケモン」で全国の子供が二万人ぐらい卒倒したという話がありましたが、そもそもあの事件を精神医学だけで説明してもダメでしょう。
　かつて稚児や幼童は、お祭りのときに憑依するヨリマシとして位置づけられていました。お祭りの行事で馬に乗せられた男の子が、馬の上で眠ってしまっても落っこちない。大人たちには、その子供に神様が乗り移っているから落ちない、という信仰がありました。子供たちには、潜在的に無意識の慣習があり、霊を憑依しやすかったのです。こともあろうにそれを、テレビ映像のピカピカした光の波長でやろうとして、大人が子供の世界に踏み込んでいった。

網野　本当にそうだと思いますね。あれは子供にしか起こらないんだから。あの事件は、子供の世界には、大人と異質のものがあるということをはっきり示した出来事です。これはたいへんな問題ですよね。

宮田　大人が土足で、平気で子供の世界に踏み込んだ事件だったといえる。

【7】日本人の国家意識を作った「地図の思想」

せめぎあう二つの路線と日本

網野　拙著の『日本社会の歴史』（全三巻、岩波新書）にも書きましたが、私は依然として十四、五世紀に日本社会の歴史の大きな変化が始まったと思っています。それをどのような方向で決着をつけるかについては、重商主義の道と農本主義の道という二つの路線があったのだと思います。『もののけ姫』や隆慶一郎さんの作品の背景になっている中世末期から近世初期の時代は、列島の各地域はまだバラバラなところがあって、大名たちは列島外のいろいろな地域と独自な結びつきを持っていました。大村氏はポルトガルと、大内・毛利氏は朝鮮・明、北の方では松前（蠣崎（かきざき））氏がアイヌと、南では琉球の尚（しょう）氏が独自の外交・貿易政策を持っていました。

ところが、こうした道を断ち切って、貿易を統一権力の統制下において統一国家を作ろうとする路線がもうひとつあったわけで、この二つの路線の猛烈なせめぎあいが、キリシタン弾圧や一向一揆を引き起こしたのだと思います。信長、秀吉、家康それぞれの考え方の違いもあったと思いますが、いずれも統一国家を志向していたと思います。

勝俣鎮夫さんは、「国民国家はそこから始まる」とはっきり言い切ったわけで、その点が極めて重要です。日本の「国民」に対して自らが責任を持つという意識をはっきり持ったのは、秀吉・家康であり、それを「天皇の下で」という形にもっていったのが秀吉で、家康はその路線を引き継いだのだというわけです。そこに、近代日本の「原型」ともいうべき体制ができあがった、と主張されています。

その路線をさらに増幅して、日本国を歪んだ方向にもっていったのが明治政府だという感想を、最近、私は持っています。近代日本の朝鮮侵略の原型はやはり、秀吉の朝鮮侵略だったといえますね。明治政府の路線は、秀吉の路線の上に乗っているところがあるわけです。勝俣さんの説の重要な点は、日本の国民国家の原型をこの秀吉の時代に求めたことです。「御前帳（ごぜんちょう）」という日本全国の検地帳、土地台帳を天皇に進上し、「人掃令」で、その日本国に生きている人間をすべて調べあげたのです。

宮田　天皇へは、国絵図も提出していますね。

網野　そうですね。すべてを天皇の名の下にやろうとしたのは秀吉ですね。秀吉以前は、まだ流動化した時代で、必ずしも統一国家路線が決定していたとはいえないと思います。

いろいろな路線があり得たはずです。

明治国家も同じで、天皇制を選択する以外の道もあり得たと思いますが、天皇を神話と結びつけて国家の中心に置き、神話をすべて史実として子供に教え込み、日本は孤立した島国であり農業国で、八〇パーセントは農民だけれども、この狭い国土の中では自給自足ができないし、小作人は本当に苦しんでいるのだから、日本は農業問題を解決するためにも国土をもっと持たなければダメだ、と明治政府は主張したわけです。この見方はまったくの虚偽にもとづいているのですが、これがアジアの植民地化を推進する強力な論理になったことは間違いありません。

「日本国」の意識と「行基図」

宮田　地図の話ですが、中世末ぐらいにできた「行基図」がありますね。この地図は国産の地図で、北海道と沖縄がない。無名の聖たちが歩きながら絵図を作ったわけです。日本列島の中を歩き回ることで自己を意識する宗教的な世界観が生まれた。それは他者を意識する発想とうらはらで、そこで初めて自他の意識を共有する世界観が誕生してくる。秀吉は朝鮮を激しく意識していましたが、「行基図」に見られるように、秀吉以前にも民間には他者を認識する系譜は存在していた。

網野　もちろん、日本国ができた七世紀末からはっきりあると思います。

宮田　しかし、列島内を巡歴し「自分たちだけがここに住んでいる」という意識がないと、それは十分には出てこない。

網野　大和政権のリーダーたちには確実に他者意識がありましたが、日本列島に住む日本国の下にある人々がそうした他者意識を持っていたわけではありません。列島社会の日本国の人たちが他者意識を持ちはじめて、東は日の本、西は鬼界ケ島、北は佐渡、南は熊野・土佐という日本国の四至をはっきり認識するのは十四、五世紀だと思います。十世紀の『延喜式（えんぎしき）』にもこうした境の意識があって、穢れをそこから追い出すという考えがありますが、「日本国の四至」となると十四、五世紀以降だと思います。おそらく遍歴職人や商人にまず国の意識が生まれてくるのではないでしょうか。

「行基図」に関わる大問題は、「日本国」を構成する国々の名前があることです。

宮田　全国六十余洲ですね。

網野　尾張、三河、武蔵、相模（さがみ）といった国の名前は、いまだにわれわれを縛っていますね。これはまさしく日本国が作った制度ですが、これがなかなか壊れないのです。平将門が、京都を中心とする王朝の国家から独立し、東国に独自な国家を作ろうとしましたが、国守は日本国の作った国名を踏襲して、武蔵守、相模守としているわけで、頼朝の鎌倉幕府もその点は同様です。

まさか意識して意地悪をしたのではないでしょうが、明治政府は仲の悪い国同士を一つの県にしていますね。三河と尾張、能登と加賀とは東と西の境なので犬猿の仲ですが、それぞれ西と東を一緒にして愛知県、石川県を作っています。

このように国の単位が近代に入ってもいまだに生きていますから、これを破壊しなければ日本国は壊れませんね。ところが、これを壊そうという発想を持った人はいないのではないでしょうか。壊すのがいいのか悪いのかは別として、この国の制度を変えて、日本国という国の名前を変えようと思った人は、共産党にもおそらくいなかったでしょうし、もちろん右翼を含めて誰もいなかったのではないでしょうか。

宮田　国ごとに故郷を作り、相互に比較しながら国民文化をモザイク型に作っていく。そうなると、結果として自己認識は非常に強くなる。民俗学的にいうと神が寄りつく場所として四至の境界ができる。それを共通してカシマ（「鹿島」）といった。すなわち常陸（ひたち）の鹿島、能登半島の鹿島、出雲の鹿島、そして五島に鹿島がある。単なる地名の一致ですが興味深い。

網野　みんな寄物（よりもの）の漂着する場所ですね。

宮田　そうなんです。東の果てという発想で常陸の鹿島があり、能登半島も弥勒（みろく）信仰が濃厚です。出雲の国は聖域で美保神社もある。五島には遣唐使が出ていく三井楽（みいらく）があり、鹿島の地名がある。

網野　三井楽も鹿島ですか?

宮田　隣に接してますね。そうした四至に神々のコスモロジーが構成されている。「東の果て」があるなら、「西の果て」もある。「日本」という自己意識が「行基図」の表現に現れていた。茨城県の常陸鹿島に大蛇の頭と尾が一致する構図が描かれていた。列島をぐるりと大蛇が囲んでいて、その首と尾が一致する地点を鹿島に定めたことが興味深い。

網野　『今堀日吉神社文書』の中に今堀の遍歴商人たちが持ち伝えている十六世紀に作られた偽文書に、「東は日下（ひのもと）、西は鎮西、北は佐土嶋、南は熊野の道」とあります。その文書は、後白河法皇の綸旨（りんじ）という形態を持った偽文書なんです。

宮田　その偽文書は誰が持っているんですか？

網野　近江商人が持っている文書です。先ほどふれた遍歴職人たちにも同じ意識がありますね。びっくりしたのは、若狭国の太良荘の助国名（みょう）の国友という名前の男が、一度、荘園を逃亡したのですが、戻ってきて親父の権利を復興して、正安（しょうあん）三（一三〇一）年に名主（みょうしゅ）になろうとした事件があるのですが、面白いことに権利の回復のために自分の系譜を書いているのです。「自分の祖先は遠敷（おにゅう）郡の平荘という荘園を開発した。その人は武蔵守（むさしのかみ）源朝高、その子が上野介（こうずけのすけ）朝国、その子供が周防守（すおうのかみ）義高」と、三十代ぐらい延々と並べて、自分はその子孫だというわけです。

宮田　彼は職人ですか。商人ですか？

網野　普通の百姓ですよ。普通の百姓が十四世紀のごく初頭に六十六カ国の名前を全部知ってるわけです。ただ、百姓の中には法橋（ほっきょう）のような僧位を持つ人もいましたからね。そのくらいの知識水準が日本の百姓にはあった、と考えなくてはいけない。

宮田　普通の百姓にそれだけの知識があったのかな。文書を所持して読んだのでは。

網野　自分で書いてますよ。

宮田　系図屋が書いたんじゃないのですか？

網野　たぶん自分でしょうね。希有な文書ですが、そういうものが実際に存在したわけですよ。そういった意識を持っていたのが、宮田さんが言われた六十六部の聖であり、勧進上人であり、遍歴商人だったと思います。彼らが遍歴して歩く舞台として「日本国」の意識が形成されたのでしょうね。しかし、その段階では、たとえば倭寇（わこう）には国境の意識はありません。ですから、十五世紀に来た朝鮮の使者が瀬戸内海を通るときに、海賊の大将とは言葉が通じたようです。

宮田　朝鮮語が通じたわけですね。

網野　朝鮮の使者（宋希璟）が記した旅行記の『老松堂日本行録――朝鮮使節の見た中世日本』（岩波文庫）によると、その朝鮮語を話す海賊の首領が「今晩一緒に飲もう」と言うので、喜んで行くつもりになっていた。ところが、日本語のわかる随員が、海賊たちが話している言葉を聞いていると、「朝鮮の使者は宝物を持っていないから黙って通してやろう。その代わり琉球からの船が宝物を持っているから、これを襲おう」と言っているわけです。日本語がわかる随員は、その話の内容を使者に報告したので、海賊たちと酒を飲むことに応じなかったというわけです。
　日本語と朝鮮語、そして中国語が自由自在に通ずる世界が、海を通じてあったということなんです。

宮田　それは認めます。

網野　そういう世界がもっと拡大・発展していく道もあったはずです。オランダ語やポルトガル語や朝鮮語、中国語、日本語も、皆が喋ることのできる「倭寇」の社会、海を基盤とする世界が確実にあったのです。このときも「倭」イコール日本人ではないのです。倭寇の「倭」を日本人だと思うのは大間違いです。

宮田　日本人も入っているわけですね。

網野　もちろんです。しかし朝鮮人や中国大陸の人も入っている。ですから朝鮮、中国、日本という分け方自体がおかしいのです。

宮田　『魏志倭人伝』の倭も、そういうことになりますか？

網野　あれも同じですね。関東人や東北人は倭人ではないですね。邪馬台国がたとえ近畿にあったとしても関東や東北は倭に含まれないのです。倭人伝の当時はまだ「日本人」はいません。「倭人」と「日本人」とは明確に区別しないとまずいと思います。倭人と日本人とは、名前だけでなく実態としても違うのです。

宮田 しかし、日本語の「わ」は「わたし」の「わ」ですが、言葉としてはきわめて古い語ではないでしょうか。自分を指す、自己認識の基本語ですよね。倭人は国家を持たず、自由で普遍的な世界で生きている、という理屈はわかりますが、人間には定着の思想があり、自然とその場所が確定されるはずです。

十四、五世紀か、十六、七世紀か？

網野 人間社会には拡散の方向とまとまる方向の両方ありますが、日本列島の社会でこれが決定的に衝突したのが十六世紀末から十七世紀だった。拡散と集合の力がせめぎ合い、どう決着がつくか予断をゆるされなかったのです。ですから、この時期には、珍しく「農人」を賤視する意識が日本の社会の中に生まれていますね。中世後期に賤しめられはじめた職能民たちを集めた『三十二番職人歌合』の中に「農人」が出てくるのです。

宮田 「農人」という言葉は、どうして現在は消えてしまったのですか？

網野 消えてはいませんよ。「農民」に変わっただけです。

宮田 国家意識が生まれてから農民になったのですか？

網野 「農民」という言葉は古代から一応ありますが、あまり使っていませんね。明治政府が意識的に使いはじめたのではないでしょうか。社会運動の側も「百姓」に差別的な意味があるとして、「農民組合にしなければ」ということで「農民」意識を下から支えたわけです。マルクス主義者もみな「農民」を使うようになります。ですから「日本資本主義論争」の講座派や労農派も「農民問題」や「寄生地主制」をもっぱら議論の対象としたため、敗戦後の農地改革のときには、山林の問題を飛ばしてしまったために、山林地主はみな立派に生き延びてしまいました。そのおかげで「日本の自然は守られた」と言う人もいますが、本当にそうでしょうか。大変、皮肉な言い方をすると、山林地主たちは、林業を本格的に考えていなかったマルクス主義者や近代主義的史学のおかげで助かったともいえますね。

農地改革で、山林を持たない中小地主はみな没落しますが、たくさん山林を持っている大地主は金融や酒造、養蚕をやっており、みな生き延びるわけです。ですから、たとえば山梨県の政治地図は戦後もぜんぜん変わらず、やはり戦前の地主が中心になっていました。

宮本常一さんが『忘れられた日本人』の中でたいへんに怒っています。農地改革は、東日本の大地主の問題で、西ではこの改革で小地主がひどい目にあう結果になったと言っておられます。しかし、この宮本さんですら「百姓は農民」と考えておられる。自ら「俺は百姓をやる」と言われますが、「農業をやる」ということになるからやはり駄目なのです（笑）。

宮田　信長は秀吉や家康と違った考えを持っていたのでは？

網野　多少違うかもしれませんが、やはり秀吉・家康の方に傾斜していますね。一向一揆をつぶそうという意識は、統一国家を志向する動きでしょうね。

宮田　勝俣さんは、十六、七世紀を「国民国家の出発点」と言っていますが、「日本人、日本」というものを意識したのもこの時期だと考えておられる。網野さんとは数百年の違いがある。

網野　そのことには、私は異論はないんですよ。先ほど言ったように、私が十四、五世紀を「民族史的転換」などと言ったのは、ふつうの人の中にも「日本人意識」が形成されてくる時期だと思っていますから、勝俣さんとは矛盾しません。ただ、それは「日本人意識」の問題で、私が強調しているのは、国名としての「日本」がいつ決まったかということです。それ以前には「倭国」はあり、「倭人」はいても「日本国」はなく「日本人」もいません。そしてこの「日本」が、平民にまで浸透してくるのが十四、五世紀以降ということになります。

宮田　佐原真(さはらまこと)さんがやはり二つの時代区分を主張されています。考古学者からの発言で面白いんですが、日本列島が武力的に最高潮に達するのは、高地性集落のあった弥生時代と戦国時代だと言われる。

網野　佐原さんは、城に関心をお持ちだからでしょうね。

宮田　佐原さんが館長をされている国立歴史民俗博物館で一九九六年に「戦争」をテーマにした「倭国乱る」という面白い展示が催されました。

【8】歴史家・清水三男の足跡をたどる

清水三男（一九〇九〜四七）
明治四十二（一九〇九）年十二月二十日、京都市生まれ。昭和六（一九三一）年に京都帝国大学史学科を卒業し、大学院に進学。その間、東寺（京都市南区）領荘園の研究を行う一方、共産主義運動に身を投じる。昭和十年、和歌山県立和歌山商業学校（現・和歌山商業高校）に赴任。昭和十三年三月、雑誌「世界文化」グループの治安維持法違反で逮捕されたが、翌年、転向し釈放、共産主義運動から離れた。昭和十七年に代表作となる『日本中世の村落』を上梓。学界から注目された。昭和十八年に陸軍二等兵として召集され、千島列島幌筵（パラムシル）島に赴いたが、昭和二十二年一月二十七日に抑留先のシベリアで没。『清水三男著作集（全三巻）』（校倉書房）がある。清水の中世荘園・村落の研究は、戦後歴史学に大きな影響を与えた。

びっくりした文庫の「解説」

網野　それはそうと清水三男さんの『日本中世の村落』（岩波文庫）の解説をお読みにな

りましたか？　大山喬平さん（日本史学者、専門は中世農村史）が解説を書いていますが、笠松宏至さん（日本史学者、専門は中世史）も驚いていましたし、横井清さん（日本史学者、専門は中世史）もわざわざ手紙をくださって、読んでたいへんにびっくりしたと書いてこられました。

実際、私も読んではいたのですが、大山さんは「網野善彦に代表されるような近年の研究は非農業民や都市的要素を中世村落から峻別させすぎており、もともと豊かであった中世村落の概念をひどく貧しいものにしてしまった」と書いています。

このごろ、栗や柿、漆や桑などに熱中していたので、この御批判にはいささか驚きました。

宮田　驚きましたね。

網野　清水三男さんは転向後、「天皇」を肯定するようになりますが、清水さんのそういう側面にふれるのは京都ではどうもタブーのようですね。清水三男はそんな男ではない、「あれは弾圧のせいで、彼が本心で言ったわけではない、偽装転向だ」という見方、「彼はああいうものを書くべきではなかった」というとらえ方ですね。ですからそうした仕事を著作集には入れる必要がない、ということになるわけです。

しかし事実は決してそうではないと思います。「偽装」などではなく、彼は本気で変わったのだと思います。観念的だった自分を決定的に反省していることは明らかで、それがいわゆる「転向」と関連していることは間違いありません。

宮田　族制研究に大きな足跡を残した大間知篤三（一九〇〇～七〇）の著作集を出すときに、やはり満州など植民地に関わる部分がカットされている。カットされた論文には、言葉尻には日本の植民地主義的な発想が確かにありますが、事実として出しているものは現在でも著者の考え方を知る上では無視できないでしょう。

網野　マルクス主義は、民俗学にそれほど影響していないですよね。

宮田　マルキストが民俗学に入ったというのは、大間知さんもそうですが、橋浦泰雄さん、赤松啓介さんたちがそうですね。

網野　清水三男さんは、おそらく「転向」後に民俗学に傾倒していくのではないでしょうか。京都にはそうした伝統がありますからね。これはたいへん大切な京都の学風なので、彼も、観念的「マルクス主義者」だったのが、「転向」してはじめて本当の意味の学者になったといえます。もちろん清水さんが本当に良心的な学者だったことは間違いないと思います。しかし、弾圧を経験し、「転向」しなければ変わらないというところに、戦前のマルクス主義の大問題があり、戦後もそうした一面を依然として受けついでいるところがあります。

宮田　清水さんは亡くなられてしまっているし、死人に口なしみたいですね。

網野　ソ連軍に虐待されて亡くなるのですから、どうしようもありません。戦後、京都の歴史研究者が中心になって結成した日本史研究会は、清水さんの帰国を心待ちにしていたのです。もし元気で帰ってこられたなら、最近亡くなられた林屋辰三郎（はやしやたつさぶろう）さん（日本史学者、専門は中世芸能史）と並んで清水さんは日本の歴史学界を引っ張っていかれたはずです。そのとき、清水さんは敗戦前のことをどう総括されたか、これはたいへんな問題ですが、この問題に目をふさいだり、逃げだしたりしていたのでは絶対に道はひらけないと私は思います。

著作集に収録されなかった「著作」をめぐって

網野　清水さんのこの本は中世史研究でも記念碑的な著作で、石井進さん（日本史学者、専門は中世史）も高く評価しており、私も石母田正（いしもだしょう）さん（日本史学者、専門は古代史・中世史）の著作と対照的な位地にあることを『中世東寺と東寺領荘園』（東京大学出版会）や『悪党と海賊』（法政大学出版局）の序章でふれてきました。ところが、その本の解説で大山さんに先のようなことを言われたのはいささか心外でしたね。

宮田　それはおかしい。「網野に代表される……」というのも実体があるんですか？

網野　いや、私ひとりでしょうね。そんな集団は存在しません。清水三男さんは、戦争に召集され、シベリアに抑留中に亡くなられた方で若いころは熱烈なマルキストだったのです。

宮田　戦前の共産党員ですよね？

網野　党員かどうかは知りませんが、自ら「赤旗」を配っていたと言われています。彼は、『世界文化』（一九三五年に中井正一が中心となって創刊した月刊誌。反ファシズム運動を紹介していた）の運動に関連して、新村猛（フランス文学者）や中井正一（美学者）とともに逮捕されるのですが、「転向」して出獄してきます。清水さんはその後、こういうことを言っています。「転向」以前の一九三三年に書いた丹波国大山荘の研究は、「封建社会の構造一般を描くのを目的とし、大山荘はその材料として借りただけで、大山荘の生活を理解することを目標としなかった」として、はずかしくて現在の光にさらすことはできない、ときびしく自己批判し、出獄の後、十年後にあらためて大山荘の論文を書いています。

そして「瑣末な史料まで之を明らめるのでなければ、眞に全体を把握することができない」ので、史料を単にある自己の抱懐する見解の表現形式として利用すると考えて取り扱うのでは、真の観察に達しないことは当然と言い切っています。これこそまさしく真の歴史家といえると思うのです。その流れの中で書かれたのが『日本中世の村落』なのです。

宮田　その解説に網野批判を書かれたわけですね？

網野　清水三男さんは、『ぼくらの歴史教室』という著作を一九四三年に書かれています。中学生に向けて、清水さんの「日本」歴史についての思いのたけを書いた立派な本だと思います。神代の神々を祭りの当屋に結びつけ、民俗学の成果を豊富に採り入れながら、祭りが非常に大事だということを熱心に中学生に対して訴えています。それから倭寇についても、日本人だけでなく、中国大陸の人と一緒にやっていたこともふれています。

しかし全体を通して天皇そのものに対する尊敬の念を基調として書かれており、それを子供たちに本気で教え込もうとしています。しかし、この「天皇主義」は、決して軍国主義的な「天皇主義」ではなく、むしろ津田左右吉（歴史学者・思想史家）や柳田国男の考えに近い天皇だったと言ってよいと思います。

そういう本を、清水さんは本気で書いたのです。その流れの中で書かれたのが名著『日本中世の村落』ですし、それは当時、日本評論社にいた藤間生大さんによって刊行されたのです。しかし大事なことは、「転向」後に書いた名著だったということです。そしてその後も石母田正さんや藤間さんとの交友は続いていたと思います。ところが、京都の方々の編集した『清水三男著作集』（全三巻、校倉書房）は、『ぼくらの歴史教室』や、これはまだ私は読んでいませんが『素描・祖国の歴史』などをカットしてしまったのです。

私は、『中世東寺と東寺領荘園』の序章の注でそのことにふれて、「これをカットしてしまっては、清水三男を決して本当に理解することはできない。かつての観念的な『マルクス主義』のときの清水氏よりも『天皇主義』となった清水氏の方がはるかにいい仕事をしたということをはっきり認めるところから出発する必要がある」という意味のことを言ったのです。

そういうことに目をつむって、石母田正さんの「領主制論」を批判する立場から、京都の歴史家たちは清水三男さんを高く評価していたことが間違いなくあったと思います。

宮田 著作集からカットされた文章はどこかに載ってるんですか？

網野 敗戦前に出た本（『ぼくらの歴史教室』）の複写を私は持っています。戦前からある大きな図書館にはあると思いますが、いい本ですよ。心を込めて、少年たちに向かって「日本は本当に立派な歴史を持っているのだ」ということを本気で教え込もうとした立派な本です。私は今の「自由主義史観」など、問題にならないほど立派な本だと思いますが、間違いなくこれは「天皇」に対する心からの敬愛をもって書かれた本でもあるわけです。

宮田 こういうタブーに関わる問題は、網野さんぐらいしか言えない。日本の歴史研究のエア・ポケットなんですね。

網野 こういうことを平気で言うから「焚書」になるのでしょうね（笑）。

宮田 『日本中世の村落』は、僕らの学生のころは古典的名著で、みんなで読んだ記憶があります。

網野　この本は、民俗学の側から非常に高く評価されたと思います。一九五〇年代に宮本常一さんが、日本常民文化研究所で「マルクス主義史家の石母田正や藤間生大より、清水三男の方がはるかに立派な歴史家だ」と、はっきり言ってましたよ。

宮田　僕らは、清水さんの仕事は実証主義的史家というかたちで教えられました。

網野　確かにそのとおりでしょう。瑣末な史料まで大切にするという姿勢は間違いなくそうです。しかし、その背景には強烈な天皇に対する敬愛、「日本国家という永久不滅の実体」「永遠に生きて流れていく日本歴史」という強烈な「愛国心」があったことを決して忘れてはならないと思います。これ以上に学問に対するきびしい姿勢に立って、清水さんのような天皇に対する見方、国家に対するとらえ方を根底からのりこえなくてはならないと私は考えています。

清水三男の〝真意〟

網野　歴史学の内容に即しては、こういう問題があります。戦後のマルクス主義史学では、荘園は貴族・寺院の私的な大土地所有であり、地頭はやはり私的な土地所有を基盤とする在地領主と規定されていました。戦後のマルクス主義史学を代表する石母田正さんのこうした在地領主制論が戦後十年間は支配的だったのです。それが共産党の六全協後、歴史学が新しく動きはじめたとき、石母田さんに対する批判が京都から出てくるのですが、その批判は石母田さんの領主制論、私的土地所有を基盤とする在地領主論には公的な問題が抜けており、国衙(こくが)領の役割が大事だということがまず問題になります。

そこに清水さんが登場するわけです。敗戦前の清水三男さん、つまり「転向」後の清水さんは国衙領を非常に高く評価したのです。私も荘園・公領は、私的大土地所有というより、租税請負の単位、公的な行政単位と見るのが正確だと思います。京都の中世史家たちも、清水さんのこうした面を評価して石母田さんに対する批判の一つのよりどころとしたのですが、実は、清水さんが国衙領を評価した本当の理由は、戦前のマルクス主義に対する批判だったのだと思います。

マルクス主義者は、守護・地頭を私的な土地所有としてのみ見て、その公的・国家的な役割を見落としているというのが、清水さんの主張だったのですが、京都の中世史家、戸田芳実(とだよしみ)さん（日本史学者、専門は中世史）や大山さんたちもその事実を正面から見ていないのではないでしょうか。京都では清水三男さんに対する批判はタブーと聞いたことがありますが、それでは学問は前進しないと思います。

こうしたことを、私が言うから、突如としてやり玉に上がるんでしょうね。

宮田　網野さんをやり玉に上げる必然性がよくわからない。一般読者や学生が「網野史学」に靡(なび)くので、苛立ちを持って見ているんでしょうか？

網野　それはちょっと卑俗な解釈ですね（笑）。

宮田　最近、網野さんは、歴史研究者の著作の「あとがき」でふれられることが多い。

網野　近世史家の佐々木潤之介さんや中世史家の高橋昌明さんにもいろいろ言っていただいていますよ。佐々木さんは『地域史を学ぶということ』（吉川弘文館）の「はじめに」で、「百姓は身分の称号であって、農民に限られないこと」や「江戸時代にあって、百姓の主要部分が農民であることなどは半世紀も前からの近世史研究の常識」と言っています。私はこの「常識」が本当に検討されつくした「常識」なのかどうかを、根本的に疑わしいと思っているのですが、こういう疑いを持つことは「半世紀前」に「否定」されているというわけですね。

高橋さんは、戸田芳実さんの『中世の神仏と古道』（吉川弘文館）の「解説」で戸田芳実さんのスタイルの社会史と網野スタイルの社会史研究があり、「後者は論壇・マスコミを席巻し」たのに対し、戸田さんは「時運のめぐりあわせの悪い研究者」であったとしているのです。戸田さんは「不幸」で、私は「幸せな社会史家」だったらしい（笑）。

高橋さんは、私の「非農業民理解に生産や生活の実態認識が欠落」しており、「農民対非農民とに『機械的』に民衆を区分」して、戦後歴史学に対する清算主義的な批判的発言をすると批判しておられますが、この点もかなり私としては心外ですね。もう少し人の書いたものをよく読んでから批判していただきたいと思いますね。

宮田　それはまた卑俗だなあ。

網野　実際に私は、「ジャーナリズムに受けよう」と思って書いてるわけではないですよ。

宮田　しかし、「日本の農村のイメージを貧困にした」という批判には呆れるしかない。

網野　私は主観的には、その逆の方向で「水田だけではない」と言いすぎて叩かれてると思っていたのに（笑）、こちらからも叩かれれば、いる場所がないですね。

宮田　冷静に考えてみますと、学問研究にタブーがあったり、学説の対立が偏狭なイデオロギーに支えられているようでは、未来はないのではないでしょうか。民俗学も今、深刻な状況にありますが、歴史学も問題が山積している。

網野　しかし私は今年（一九九七年）度で神奈川大学を退職しますので、「無職」になるため気が楽です。肩書が必要なときには、「歴史研究者」で通そうと思っています。

宮田　名刺はどうしますか？

網野　名刺にはもともと肩書はつけてないですから前のとおりです。

【9】「従軍慰安婦」問題をめぐって

甘さ、上滑り、危険性

網野　最近の、「従軍慰安婦」の論議を見てつくづく思うのですが、戦後の若い世代が知らない世界をわれわれは見ているので、そのギャップを強く感じます。たとえば私は、軍隊の片鱗を知っているわけです。旧制高等学校時代に友人が目の前で配属将校に革靴で蹴飛ばされたり、剣道や体育の教師にぶん殴られるという実態を目で見ているのです。軍隊の中で何がやられているのか、自らの耳で聞いて知っていますし、その経験を持っているたくさんの人たちの話を聞いています。そういう実感を持った世代が、今消えつつあるわけです。

最近の論壇の中心に、こうした、戦争中の軍隊の横暴や敗戦後の飢えや苦しみの経験を持たない若い世代が立つようになっています。加藤典洋さんの『敗戦後論』（講談社、ちくま学芸文庫）について、誰かが「この人は飢えを知らない世代だ」と言ったそうですが、私は「敗戦後十年の激動を知らない世代」だと思いました。老人になったせいでしょうか、私にはこうした戦後世代の議論にはある種の甘さを感じます。それがどんどん上滑りをしていくと、いわゆる「自由主義史観」にまでたち至ってしまう、そういう危険性を感じます。

心理学者の岸田秀さんが、「新しい歴史教科書をつくる会」の趣旨に賛成の署名をされているので、『大航海』（二〇号）で対談したときにその理由を御本人に聞いてみました。岸田さんは出身地の四国で、アメリカ兵が日本人を慰安婦にしているのを見たというのです。ですから、日本の「従軍慰安婦」だけを教科書に書くのはおかしい、アメリカの問題も書くべきだと思って署名されたのだそうです。

確かにアメリカ軍についても、日本流の言い方でいう「従軍慰安婦」がいたと思います。しかし彼女たちは、アメリカ兵を自由に外出させると、日本の女性に何をされるかわからないという恐れをいだいた日本の当局が、それを封じ込めるために差し出した慰安婦だったと思います。私はよく覚えていますが、敗戦直後、一九四五年の九月ころには、まだ東京では町をうろうろするアメリカ兵はあまりいなかったはずです。ジープかなにかでアメリカ兵は走りまわっていた。ところがしばらくすると、アメリカ兵は日本人がまったく怖くないことがわかってきて、自由な時間には街中に出てくるようになります。日本人も煙草やチョコレートをニヤニヤしながらもらって喜んでいました。

　それからは、アメリカ兵は公然と外を歩きはじめるわけで、そうなれば「従軍慰安婦」など必要なくなり、いわゆる「パンパン」といわれた日本女性たちが、チョコレートや煙草、おカネ欲しさにアメリカ兵に群がりはじめるわけです。私はそれを見て、「アメリカ帝国主義」に反対するようになりました（笑）。それが敗戦後の日本の社会では普通になっていました。アメリカ兵は、休暇になれば外出して遊び回っていました。もちろん強姦するようなアメリカ兵もいました。今でも沖縄で事件が起こっていますね。しかし、日本側が慰安婦を用意しなくても、彼らは相手を自由に自分で探せたのです。

　ところが、日本軍の兵士の場合は基本的には自由な外出はできません。休みで外出できても兵営に帰る帰営時間が決まっています。外出許可が与えられても、「必ず何時までに帰れ」ということになっていたわけです。ですから、コンドームをもらって兵営の外で外出時間内に性欲を発散して帰営することはあっても、アメリカ兵のように自由自在に外を歩いて「パンパン」とつきあえることなど、本質的にできない構造になっています。占領地などではもちろんそうでしょうね。ですから、銃剣をつきつけて強姦するようなことになるのです。

　日本軍でも将校や下士官の場合は違いますが、兵士にはそれができないのです。しかもそれが外地で、侵略した相手の国だったらどうでしょう。アメリカ兵でさえも最初のうちは出てこなかったぐらいですから、何をかいわんやです。出ていったら何をされるかわからないし、兵士が無秩序に銃剣をつきつけて強姦をするような事態をさけるためには、軍隊の方で従軍慰安婦を強制的に連れてくる以外に道はないのです。

旧制東京高等学校での体験

網野　彼女たちがどういう方法で連れてこられたかはもちろん問題ですが、日本軍の本質から見てそこに兵士以上のきびしい強制があったことは間違いありません。日本の兵士は兵営の中で何か失敗すれば、「上官の命令は陛下の命令だ」と言われて徹底的に暴力をふるわれ、それに抵抗することはできません。ですから、日本の兵士自体は極めて奴隷的な状況におかれていたのです。私の通っていた戦争中の旧制東京高等学校の寮は、敗戦までの二、三年は兵営をモデルにしていましたから、よくわかるのです。

宮田　軍から将校が来ていた。

網野　そう。配属将校が来ており、剣道や体育、それから農作業の教師がそれを支えていました。ですから、蹴飛ばされたり、ぶん殴られた級友が何人かおりました。軍隊だったらそれが日常茶飯事なわけですよ。下士官はまた別で、兵士とは地獄と極楽の違いがあったといわれていますね。将校にいたっては天国でしょう。

こうした「奴隷的」な兵士を相手にする慰安婦が、兵士以下の最悪の状態に置かれたことは間違いありません。慰安婦のいる部屋に兵士たちが行列し、一定の時間で性欲を処理したという話を聞いたことがあります。

アメリカ軍と日本人の「パンパン」の関係、フランスの外人部隊と娼婦の関係など、それぞれの軍隊の個性で違うとは思いますが、軍隊と娼婦は不可分の結びつきがあります。日本軍の場合は、今、「軍隊が慰安婦をつかまえたことはなかった」とか「あった」とかが議論になっていますが、もちろんそれも非常に大切ですが、問題の本質をもっと深くとらえる必要があると思います。

今こうした議論の主役になっている人の多くは、日本の軍隊を知らない世代ですね。正直なところ私も「自虐史観だ」と言われかねませんが、「自虐」どころか、こっちが虐待されたわけです。虐待された人間が、自分は虐待されたと言うのを「自虐だ」と言われても困りますが、これはまったく本当なんですよ。

あれほどの空腹は生まれてから今にいたるまで、経験したことのないといってもよいほどひどい状態に追いやられて、空襲が日常化したころ、東京高校の寮は兵営と同じにされていました。帰寮時間は非常に厳格だったですね。

宮田　全寮制だったのですか？

網野　一年生のときは全寮制でした。先ほどのような体育や剣道の教師が寮監になっているわけです。

宮田　その当時から東京高校は東大との関係があったんですか？

網野　戦後、一高と浦和高校と東京高校が東大の教養部になりました。旧制高校はほとんどが大学に入れて、文学部は無試験が多かったです。

宮田　旧制東京高校といったら、エリートですよね。

網野　私の年だけ口頭試問で入ったので、バカにされましたが……。

宮田　そういうところに、なぜ軍人が入ってきたのですか？

網野　かつては非常にリベラルな学校だったのです。ですから、その校風を潰すために、文部省は右翼の藤原正という校長を送り込んできたのです。この校長は、「高等学校は予備士官学校だ」と宣言して入ってきたので、教練は非常にキツかったです。

私の兄も東高でしたが、教練をサボったので落第しています。そうした学生生活を送ってきた経験から考えても、日本の軍隊はまったく異様な集団ですね。おそらく世界を探してもあのような軍隊はないと思います。しかも「軍人勅諭」を徹底的に兵士の頭の中にすりこんでいて、「皇軍」は「朕（ちん）の軍隊」で「上官の命令は朕の命のごとく考えろ」ということを、この勅諭でははっきり言っています。それで「上官絶対」になるわけです。もちろん人によっては理解ある上官もいたでしょうが、構造的に絶対服従になっているので、野間宏の『真空地帯』は決して誇張でもなんでもないと思います。

そういう軍隊の兵士の相手をする娼婦が、どういう状態だったかを十分に考えておかないといけないと思います。「従軍慰安婦」についてのいわゆる「自由主義史観」の人たちからの議論は、そのことをまったく考えていませんね。

これを批判する側も、「実際に軍隊の関与があった」ということを実証するために関係書類の公開と調査の重要性を指摘していますが、もちろんそれは非常に重要ですけれども、それだけではなく、日本の軍隊の本質をつく必要がありますね。社会学者の上野千鶴子さんが「実証主義」だけではなくて、それよりも元慰安婦が口頭で話した言葉が資料として非常に重要だと言っていますが、この指摘は民俗学や歴史学に対しても重要な問いかけとなっています。

宮田　日本の軍隊が特殊だというのは、軍隊が日本の社会や文化から突出しているというよりも、その上に作られた軍隊である、ということが大事なんでしょうね？

網野　まったくそのとおりです。

宮田　そういったものを生み出す民族性や風土がある。そこを究明しないと日本の軍隊の本質が出てこない。近代の軍隊制度はヨーロッパの列強をモデルにしたといいますが、モデルになった軍隊とはかなり違った体質を持つようになってしまった。

網野　やはり、天皇の軍隊＝「朕の軍隊」を作り上げた近代天皇制が決定的だと思いますが、実際はそれほど単純ではないですね。

最近、戦国史を研究されている藤木久志さんが、『雑兵たちの戦場』（朝日新聞社）を上梓されて、戦国時代の雑兵の乱暴ぶりを見事に活写されています。大名の直属家臣ではない雑兵たちは、戦場を舞台に略奪をしたり、女性を犯したり、「人取り」を当たり前のこととしてやったのです。そうした伝統が、戦国時代から江戸初期の島原の乱ぐらいまで続くわけです。秀吉は、この雑兵たちの暴力的エネルギーを日本国内で処理しきれず、それを外に向けて朝鮮侵略を実行するわけです。ですから、雑兵たちは朝鮮を舞台に乱暴をするわけです。

この朝鮮侵略の背景には、古代以来の朝鮮への蔑視があります。秀吉はそれを背景にするわけですが、結局失敗します。しかし、朝鮮への蔑視意識は潜在的には支配層にあったので、明治になるとすぐに「三韓征伐」を行ったという伝説上の人物、神功（じんぐう）皇后が紙幣の肖像として姿を現します。

〝伝統的な民俗的世界〟と日本の軍隊

網野　こうした前近代の日本の軍隊の有り様も含めて考える必要があります。昔から日本の軍隊は「洗練」されていないところがある（笑）。

宮田　それに関連しますが、伝統的な民俗的世界では、若者組が村同士の激しい水争いや境界争いで相手の水や土地を奪ったりするためにいわゆる軍事訓練をしていました。抗争に備えるための組織と「鉄の規律」を強固に持っていた。平和のときはお祭りの場面でエネルギーを発散させますが、ひとたび境界争いが起こると夜間に出動して村境を越えて相手の村に攻め入ったりする。若者組の掟はかなり厳しいものがあった。
　とくに女性問題に関する掟破りは、厳罰をもって対処したようです。

網野　なぜ女性についてては厳しいんですか？

宮田　村の娘や人妻は、自分たちの支配下にあるという意識が強かった。

網野　他の村の男と関係を持たないように監視もしていたことになりますか？

宮田　村の女たちを守るというわけです。たとえば、よその村の若者が、密かに我が村の女性に夜ばいなどしたりすると、それに対して制裁がはじまるわけです。「村の女は自分たち若者組のもの」という発想が若者組の伝統にあり、そのための規律も非常に厳しかった。

　戦争を知らない今の若い世代は、伝統的な若者組がやっていた社会教育を受けていないから、喧嘩をしても簡単に人をあやめてしまう、という言い方がされますね。つまり、「それは軍隊がないせいだ」と。

　柳田国男はそうは言いませんでしたが、赤松啓介さんは、いわゆる若者組というのは、戦争のような人殺しをするような集団ではなく、村同士の土地争いなどで出動する若者の武力を養成するための機関だったと、指摘しています。

網野　日本の軍隊を考えるときには、そうした背景も考える必要があるでしょうね。実際、母や妻や妹たちを守るための戦いだとして、自分の徴兵、人を殺す戦争を〝合理化〟した学徒兵も多かったのではないでしょうか。

宮田 若者組の厳しいルールといっても、儒教的な思想が浸透していたわけではない。しかし、「我が村の娘は守る」という意識があるとすれば、従軍慰安婦を「大切にしよう」と考えてもおかしくない。

網野 事実は逆ですね。慰安婦になった女性の多くは、当時の日本の植民地や占領地の人たちで、いわば「外」の女性です。ですから、まったく大切にしようとは思わない。

宮田 よその「村」の女性なわけですね。

網野 何人、女性を犯したかということをいばって話していた人がいますね。

宮田 日本の青年は、軍隊に入るとガラッと変わる？

網野 自分の「村」＝日本の女性は大事にするが、外の世界の女性で、しかも敵対している国の女性となれば、強制的に集めてもなんとも思わないところがあるのではないでしょうか。「従軍慰安婦」問題の背景には、こうした問題がありますね。若者組がストレートに日本軍につながるのかどうか、どこで関連しているかを考えることは、これからやらなければいけない重要なテーマのひとつですね。

宮田 ひとつの基盤になりますね。

網野 今までこうした研究があまりなかったのではないでしょうか。この点は宮田さんに是非お伺いしたいところですが、日本の軍隊の特異性は、明治以前に遡ると思いますね。古代あるいはそれ以前に遡って考えてみる必要があります。事実、明治の軍隊は形の上では、古代律令制の公民兵士の復活と見ることもできるわけです。

しかし、どうしてあのような軍隊ができてしまったのかは、大問題ですね。将校たちの中には、今でも「あれほど規律の正しい軍隊が、暴行や強姦のようなひどいことをするはずはない」と本気で思い込んでいる人もいますね。ところが、将校の前では規律正しくても、絶対服従の結果なので、実際に戦地で将校の目の届かないところになると実にひどいことをやるわけです。こうした構造をどう考えるか、民俗学と歴史学が共同で考えなければなりません。

宮田　「旅の恥はかきすて」なんていう言い方もある。ああいう発想は、ヨーロッパ人の旅には出てこない。たとえば若者の旅は、規律を乱さないように全体で見守り、宿になる家が面倒を見る。ユースホステルの原点はそれでしょう。ところが、日本の場合は「性の解放」で、よその国へ行けばワアッとハメを外してしまう。

網野　日本人の男性の中には、外国へ行くと女性を買いまくる人たちがいますね。確かに旅は特別な時間で、世俗の縁は切れると見ることもできますが、軍隊の場合にはそれに軍事的な強制力が背景に加わるわけですから、ひどいことになるのだと思います。しかし、平和のときにも「旅の恥はかきすて」というのが、日本人の特異性なのか、世界的に見られることなのか？　それをもう少し厳密に考えてみる必要がありますね。
「軍隊はみんな同じなので、日本だけを特別視するのはおかしい」と言う人もいますが、先ほどもふれたようにアメリカ軍と日本軍を単純に同一視するのは確実に間違いだと思います。
最近、米軍の艦隊が安保条約の拡大解釈にともなって民間港（小樽）に寄港しましたが、米兵が軍艦から上陸して、日本人の女の子と大喜びでプリクラを撮っているような光景は、日本の兵士の場合、少なくとも敗戦前の征服地ではまず考えられないことです。

教科書依存を脱却せねば……

宮田　僕は、敗戦直後は長野県にいましたが、のちに聞いた話ではアメリカの進駐軍が横浜港へ着くと、人々は恐れながらも歓迎の旗を振り、彼らを難なく迎え入れたという。ところが、同じアメリカ兵が敗戦国のドイツに入ったときには市民は石を投げて反抗したという。日本には、よそから来た人＝マレビトを歓待するという気持ちが民族的心性としてあるのかもしれない。

網野　それぞれの国の軍隊の特質を、軍隊の一般論ではなく、それぞれの軍隊の背景にあるその国の歴史・民俗まで含めて考える必要がありますね。韓国軍もベトナム戦争ではだいぶ悪いことをしたと聞きますが、おそらくこれも単に共産主義への憎悪だけではないのではないでしょうか。韓国軍の特質を、そうした民俗・歴史にまで目を向けて研究する必要があると思います。

「自由主義史観」をめぐる論争も、「従軍慰安婦を強制連行した証拠はない」「ある」についても大いに議論の必要はありますが、そのレベルだけにとどまっていたのでは、問題が矮小化して政治的、感情的な議論に終わってしまうと思います。

「自由主義史観」に反論する側も、「あれは右翼だ」、「自民党と結びついてる」といったレベルの批判ではなくて、その底の浅さをもっと内容的に深く掘り下げて反論する必要があると思いますね。

宮田　僕は、教科書そのものをあまり信用していませんね。教科書に依存して云々する教育の方法そのものがおかしい。

網野　まったく同感です。

宮田　何頁の何行目だけが問題なのではなく、とくに隣国との交渉史や文化交流史に、教科書の中でもっとたくさんのページをとることが大事でしょう。日本と韓国・中国との関係をきちんと子供たちに考えさせるような教科書を作らなくてはいけない。とくに日韓の関係では、両国の教科書の問題点を民間レベルの交流を含めて是正する必要がある。場合によっては、さまざまな考えを併記し、議論できるような教科書が理想ですね。

網野　私は、高校教師を十一年間していましたが、授業の最初に「教科書はひとつの参考書であり、ひとつの見方を示していると考えておいてほしい、自分は自分流に話すから、それぞれを参考にして自分できちんと勉強してほしい」と言っていました。やはり自分の頭で考えた歴史しか話せないし、教育もできません。そういう意味でも、検定はナンセンスで、いろいろな人のいろいろな考え方の教科書があってよいと思います。それを教師がそれぞれ自分の目で選んで教材とするような教育のあり方がいいと思います。

私は直接見ていませんが、韓国の教科書は厳格な国定教科書だそうですね。

宮田　「民族主体史観」というべきものでしょうか。

網野　今の日本の検定教科書は、昔に比べればかなりよくなってきているとは思います。逆に文部省はやりすぎたと「自由主義史観」の人たちから叩かれているほどですからね（笑）。

実は、私は亡くなった秀村欣二（ひでむらきんじ）先生（西洋史学者）からお手紙をいただきました。日韓中の共通の歴史の概説書を書く仕事をしたいという人がいるので、その人に力を貸してやってくれ、という内容だったのですが、どのようにしていいかわからず、ご返事も出さないまま時をすごしているうちに、先生は亡くなられてしまいました。今、「しまった」と思っていますが、すぐにできるかどうかは別にして、そういう試みはすでに始まっているようですね。

少なくとも、アジアの諸国民それぞれの立場を生かしながら、共通した歴史認識を持つための努力をしなければならない時期にきていると思います。

宮田　最近では、三内丸山遺跡の発見など、新しいものが出ると短期間で教科書に反映されるようになりました。以前は、旧石器時代の存在が教科書に載るまでだいぶ時間がかかった。

網野　私が「百姓は農民ではない」とあちこちで発言したり書いたりしていますが、それが原因ではないでしょうが、山川出版社の日本史の教科書の叙述が変わったようです。最近、私のことを「壊れたレコード」とか「金太郎飴」とか言って揶揄（やゆ）する人たちがたくさんいますが（笑）、それぐらい繰り返してやらないとダメだと私は思っています。

【10】『日本社会の歴史』を読みなおす

〝歴史の選択肢〟は多様であることを示す

宮田　網野さんの近著『日本社会の歴史』（全三巻、岩波新書）が完結し、売行きもいいようです。タイトルをつけるのにも、いろいろ紆余曲折があったようですね。

網野　そうなんです。

宮田　下巻の「むすびにかえて」を読むとその経過がよくわかります。つまり、通史を書くのはたいへんな仕事で、これをなし遂げられるのは本当に限られた人だけです。この三冊の完結は、二十一世紀の歴史研究を展望するための重要な視点を提供したと思います。最初の反応はジャーナリズムの世界に始まり、だんだん浸透して、議論がいろいろと巻き起こるでしょう。若い人はテキストとして読み、教える側との関係で議論が出てくる。網野さんの著作はつねに話題性が豊富ですから、毀誉褒貶（きよほうへん）その他もあって、評価が定まるのはずっと後じゃないかと思います。

本書は、近代に入る前で叙述を止めていますが、結果的には賢明だったと思います。つまり、読み手に選択肢をいくつか与えることで、逆に日本近代の重要性を認識させる。民俗学は近代を、柳田民俗学がいうように「眼前の事実」としてとらえ、時間を倒叙的に遡らせる歴史志向を持つ。無意識の慣習や民間伝承を再構成しながら、歴史的世界の中に位置づけていく。日常生活に関してもそうです。具体的な生活事実から出発して、全体像をモザイクのように組み合わせていく。これが、民俗学による歴史世界の構成の仕方です。民俗学は、権力構造を社会の下から積み上げ、それがどこまで昇化していくのかを判断しようとする。その場合歴史学から批判を受けるのは、いつでもそこなんです。

日本近代の権力構造の形成の中で、庶民の日常生活が歪められていく。民俗学自身はそういった破滅的状況の中から生まれてきた学問ですから、「近代を見据える」という視点がもっとも重要なポイントです。たとえば、暦が陰暦から太陽暦に改暦されたことは非常に重要な点だと考えています。近代天皇制、つまり明治政府の権力によって時間を管理・統一することで江戸時代の慣習がどんどん改変され、庶民の持っている生活文化が歪められていく。そのプロセスを見ていくわけです。

そこで本書は、原始・古代から江戸期に至るまでの通時的な歴史の流れが、どう近代に流れ込むのかという道筋を示したわけです。とくに印象的なのは、「百姓は農民ではない」という発想が繰り返しいわれている。じゃあ何だったのかというと、百姓の実態はさまざまな生業に携わる多職種の人々が轡（くつわ）を並べていて、相互補完的にそれぞれの歴史を作っている。百姓そのものと誤解されていた農人もその中のひとつであると。それぞれの集団がネットワークを作り、絶えず連合を作っては壊し、作っては壊しながら歴史文化を作り上げてきた。

その中で、政治権力として上からの権力ではなく、下から作り上げられた権力が生まれてくる。話し合い、談合、贈答といった形で生まれた権力は、いわば国家権力に収まりきれない部分であり、それを歴史の流れと民俗の接点において見るという観点が必要になる。

前近代史の研究者たちは、こうした観点に反対する人たちが多いと思います。その反論がどういう形で出てくるかが楽しみでもありますね。民俗学の立場からは、本書のようなとらえ方は歴史と民俗をつなげるひとつの展望を示しています。権力のあり方に対しては、絶えず権力に掌握・支配されるだけの民衆ではないという視点から「眼前の事実」から出発する民俗学の主張と重なり合う部分が多い。正直なところ僕自身には、これだけの本を書く能力はないと思います。

本書は、人が支配し、支配されるという関係に収まりきらない世界がたくさんあり、歴史の選択肢も多様であるということを示したわけです。今までは支配関係も一元論的な考え方が主流でしたが、多元的に見極める視点を持っている。現在の歴史学や民俗学の状況も踏まえ、目配りもきちんとしている印象を受けました。民俗学が倒叙的に発想するものとどのように具体的につながるかが、今後の課題としてありますね。

「すべての歴史家は『通史』を書くべきです」

網野　今までに目にしたり、耳にしたりしている批評でいちばん多いのは、やはり政治史が細かすぎて煩瑣（はんさ）だという批判です。私も「そうだろうな」と思います。そうした批評をする方は、「思い切って社会史だけで書いた方がよかったのでは」とも言われます。私もそうしたことを考えなかったわけではないのですが、弁解を先に言いますと、この本の執筆のきっかけが「日本史概説を書け」という話だったのです。もうひとつは、私は高校教師をやっていた経験があり、やはり自分なりの概説を書いてみたいという気持ちがありました。

それと、やはり社会と国家のせめぎあいを書こうとすると、政治史も大事だし、文化の問題も、社会・経済・政治の中で総合的にとらえようと思いました。そうしているうちに、このような形になってしまったのです。

そういうことで細かく書きすぎましたので、ボロがいっぱい出ているはずです。原始の部と古代については専門家に見ていただきましたが、基本的には私は素人ですから、最新の成果を取り入れているわけではありません。原始・古代ともにいろいろな議論があるところが多いのですが、私流に勝手にまとめてしまったため、専門家から見ると御批判がたくさんあると思います。中世でも鎌倉、南北朝は自分の責任でやれても、戦国期になるとやはり細かく書けば書くほどボロが出ることを覚悟しなければなりませんでした。しかし、社会の問題だけを叙述しても本当の意味での歴史にはならないだろう、という気持ちはありました。それであえてこういう道を選んでみたわけです。私は決して「社会史」家ではありませんのでね。

十七世紀後半以降については、「百姓は農民と同じではない」という視点を徹底的に入れて研究し直さなければなりませんし、明治政府が百姓・水呑をすべて農民にしてしまったことを考えると、それ以降のこれまでの常識を徹底的に再検討することは、自分では不可能だと思ったのです。たとえば「地租改正」「松方デフレ」の意義をどう考えたらいいのか、通説のままでよいのかどうか、非常に疑問になってきました。そうした疑問が、十七世紀後半以降は多数出てきてしまったのです。

ですから、山折哲雄さんが、『文藝春秋』一九九八年九月号の書評で、私の「史観」では近世・近代は書けなかった、挫折だと言われたけれども、これは「史観」の問題ではないのですね。研究の蓄積が、私の目から見ると非常に少ない。それを自分で埋めるためには、もはや年をとりすぎているということです。ただ、死ぬまで挫折などしないでやるつもりですけれどもね。

宮田　かえって下巻は、近世史の整理をするのではなく、網野さんが中世史研究で培ったひとつの概念・枠組を中心に持ってきて、前近代に通ずるトンネルを巧く掘り出している。読者は、そのトンネルを通して近代史の選択肢を見ることができるという効果があったと思います。網野さんは神奈川大学でも歴史民俗資料学研究科の主任であり（笑）、いわゆる日本史概説という、教科書のスタイルを取らない独自性は出していると思う。

網野　それは私の力量の致すところで、意図してやったわけではないのですが、逆に下巻の最後の章の調子で上巻まで全部まとめてしまえば、一冊で済んだかもしれませんね。

宮田　ですから、僕が先ほど、民俗学の手法で「倒叙的」と言ったのはそれなんです。

網野　それは、あるいはできたかもしれませんが、それにはプラス・マイナスがありますね。

南米アンデスの研究者の増田義郎さんが、「これを簡略化してスペイン語訳にしよう」と言ってくれていますが、もともとこの本は、そこから始まったわけですから、できればやった方がいいと思っています。全十二章を維持しても、上・中巻をかなり整理して、もう一度構成し直すことは可能ですね。

宮田　読み方としては、最後の十二章から読みだす方法をとってもいいですね。

網野　石井進さんもそう言っていますね。逆に、第十二章にあたる部分を、あと二冊ぐらいにして書くのもいいかもしれませんね。そうなると、全五巻になってしまう。けれどもやれたらたいへん面白いと思いますが、私にはもはや無理でしょう。

ただ、高校教師は毎年、日本史の概説を話さなくてはならないわけです。もちろん人の書いたものに依拠せざるを得ないとしても、まともに教えようと思ったら、やはり自分なりの「日本史像」を話しているはずです。教科書だけに頼るほど日本の教師は堕落していないと思いますね。「日本史」全体をどうとらえるか、という観点があってはじめて「日本史」の講義ができるはずですから。

しかし「日本史」という言い方も、私は本来使うべきではないと最近は思っています。「日本史」といってしまうと「日本国」の歴史だけになってしまい、沖縄やアイヌの歴史が、そういった途端に落ちる構造があります。それを十分に考えた上で、日本列島の社会史像を話しているはずです。どのような歴史家でもみな、そうした見方を持っていないはずはないのですから、私はすべての歴史家が通史を書くべきだと思います。少なくとも自分が全体をどう考えているかはおのずからの前提になっているはずで、個別の研究論文は意識するしないにかかわらず、その上に書かれていると思いますね。現在の歴史学の研究状況は、そうした前提に目をつぶったままにしているため、個別分散化の傾向が強くなっていると思います。

明治政府に対する〝批判的立場〟を固める

宮田　教科書は、誰が書いても同じようなスタイルになる。それが教科書の安定したところかもしれませんが、独自性がない。
網野　まさしくそのとおりです。
宮田　『日本社会の歴史』は教科書になりますかね？
網野　ならないでしょうね。
宮田　これも、ひとつの史観に支えられたものであり、他の何人も模倣できない。そうすると、他の人が批判するときには自分なりの通史を提示した上で勝負しなければならない。
網野　この本は、それを「挑発」する意味も多少はあります。「挑発」というと言い方が悪いですが、批判されるのは覚悟の上のことで、七十歳にもなると、どこを叩かれても叩かれ馴れしていますし（笑）、いくら叩かれてもかまわないと思っています。老いぼれがこんなものを書いて、〝老害〟だと言う人もいるようですね。ただ、個々の誤りの御指摘については直せるものはどしどし直していくつもりです。
『ゴーマニズム宣言』の小林よしのり氏に、「東の天皇謹みて」は間違いで「敬みて」であると言われたので、すぐに直しておきました。

宮田　ケチをつけることは自由ですが、個々のことにそれぞれ専門家がいて、ああだこうだと言えるけれども、全体像、つまり歴史をどう把握するのかは、見識を持った歴史家が複数登場しないと論争にならない。

網野　どの歴史家も、歴史家である以上はその見識を持っていなければおかしいと思います。若い人は若い人なりに、年寄りは年寄りなりにですね。年寄りだからこんなものを書いてみたわけですが、若い人は書かなくてもその展望を持って仕事をしてほしいと思います。私のこの本は、まったくの捨て石みたいなものです（笑）。

宮田　本書の帯に「近代日本の歴史認識の根本問題」と書いてあり、さらに「展望」の文章中に、「明治以後の政府の指導者たちが、日本人に徹底的に教育を通じて刷りこんだ日本国そのものについての神話を『事実』とする荒唐無稽ともいうべき認識」というフレーズがあります。捨て石になる網野さんが、後に続く若い人たちにはっきり言っておきたいことの重要な柱だと思います。

網野　それはおっしゃるとおりです。最初から意図したのではなくて、この仕事をしながら明治という時代をあらためて考えた結果、かなりはっきりとした意識を持って、明治政府に対して批判的な立場が固まるようになりました。

　私が最近、根底から考える必要があると思っているのは、「日本という国は昔からあって、いつまでもある」というぼんやりした意識、「日本は孤立した島国だ」、「日本は農業社会である」という常識の三点で、これらは、現代の日本人の歴史認識の「公理」になっていると思います（笑）。このことを痛感したことが、この本を最終的にまとめようと決心したきっかけになっています。この三つの点にすべて関係してくるのは、明治以降百数十年、とくに敗戦までの七十年に及ぶ国家的な教育の果たした役割が、極めて大きいということです。この本でも、そうしたことを多少は強調して書いたつもりですが、この本を書いているうちに私自身がはじめて認識できたことでもありました。

宮田　歴史認識は結果から出発するところがあるわけですが、その結果に至るまでには、実はいくつかの選択肢があった、ということを網野さんは言ってらっしゃるわけですね。

網野　そのとおりです。幕末から明治にかけての日本の前には、いくつかの選択肢があり得たと思います。明治政府は最悪に近い道を選んだと思いますが、今後、私たちが進むべき道の選択を迫られたときには、最善にできるだけ近い道を選びたいものです。そのためにも、歴史から何を学ぶかがたいへん大事だと思います。歴史は決して過去のことではないので、民俗学と歴史学の果たす役割は非常に大きいと思います。

第二部　歴史研究家と民俗学者の対話

（一九八二〜一九九五年）

歴史と民俗の十字路（一九八二年）

「常民研」の神奈川大学への移管

宮田　最近（一九八二年）、神奈川大学に日本常民文化研究所が移管されて民俗研究のあり方にひとつの転機がもたらされていると思います。われわれが民俗学の仕事をやっていくうえで、柳田国男、渋沢敬三、折口信夫（しのぶ）、南方熊楠（みなかたくまぐす）の存在は、〝民俗学の四大人〟というべきでしょう。いわば日本の民間史学の発展に大きな業績をあげた人々が存在するわけです。

渋沢さんのお仕事は、柳田とは対照的に物質文化を中心に民俗を再編成する主張がつらぬかれている。それが日本常民文化研究所の仕事としてつぎつぎに大きな成果をあげてきた。故宮本常一さんや河岡武春さん（神奈川大学経済学部教授・日本常民文化研究所専任所員、一九八六年逝去）が後を継がれてきたわけです。

ところで私自身のことを言いますと、実は物質文化はあまり得意ではなくて、民俗学というとどうしても柳田民俗学の精神文化、とりわけ民間信仰という問題に絞って考えてきた傾向がある。

一方に民具学という表現で、学会も民具学会があります。民具学会は宮本常一さんの考え方にそえば、民俗の中に生きている民具とは生活文化の重要な要素になる。生活の中に生きている民具を再構成する理論を民具学として体系だてていくという主張があったと思います。日本常民文化研究所はそうした拠点であるという位置づけが強く意識されていると思いますね。

民具をあつかいながらたえず精神的な背景をセットにしてとらえていく方向を、宮本さんが唱えられた後、民具学と民俗学の関連というかたちで日本常民文化研究所がひとつの主張をしていくべきではなかろうか。柳田民俗学は民間伝承の中で民具を除外する傾向があった。このことは、歴史学と民俗学の関連を考える場合にも同じ問題がある。現実には、民具学と民俗学を離して考える人がいます。民具学は博物館で民具を収集、分類するものだと考える。しかし民具の取り上げ方によっては、体系的な精神史や文化史を再構成できると思われるが、事実上はうまくいっていない。渋沢さん自身は「常民」という概念規定を柳田さんとは別に新しいかたちで一九四二年に打ち出しているわけです。

その性格からいうと「非農業民」の問題が大きくクローズアップされている。柳田民俗学は農業民が中心でしたから、その違いが単に民具と柳田民俗学の違いというだけで終わってしまったら、せっかくの日本常民文化研究所の方向が活きてこないと思います。現在の大学で行われている日本民俗学概説の中では、物質文化は意外と軽視されがちです。柳田民俗学がイコール民俗学であるという錯覚をあたえているような方向があるんですね……。

網野　私はもともと漁業史料収集の仕事で一九五〇年から六年ほど日本常民文化研究所に関係しただけなので、今のお話の民具学と民俗学をどう考えるかという問題にお答えすることは、まったく力を超えています。民具については最近すこし勉強させてもらっているだけですし、民俗学もちょっとかじっている程度ですから。ただ、今のお話を私自身の関心にひきつけてみますと、民具はもちろん農民〈補注〉これは「百姓」というべきである）も作るわけですが、やはりそれを作る職人の問題、つまり先ほど言われた非農業民の問題が深く関わってきます。

とすると、民具の研究が歴史学と関係してくるとすれば、それはさしあたり技術史の分野でしょうね。ところが職人の研究、技術史の分野は歴史学の中では非常に立ちおくれている。いわゆる歴史の専門家よりも、むしろたとえば臼とか、ろくろなどの道具を全力をあげて追いかけてきた三輪茂雄さん（工学者）や橋本鉄男さん（滋賀県の郷土史家・

民俗学者）のような方々の立派な仕事が実っているわけですが、そうした仕事を歴史学の方では今まで十分に生かしてこなかったと思います。しかし最近、歴史学の中でも技術史を本格的に考えようとする新しい動きが出てきつつあるので、それが進んでくれば民具学との関係、相互の協力もきっと展望がひらけてくると思います。

ただ渋沢さんは民具だけでなく文献による漁業史の研究も開拓されたわけですね。しかし渋沢さん自身の中で民具研究と漁業史が内面的に、また学問的にどうつながっていたのか？　その点が問題なので、これは私にはまだよくわからないんですが、こういうことがありはしないか。

戦前以来今にいたるまで、漁業史は歴史学の中でいつでも主流からはずれていたといっていいんですね。羽原又吉さん（経済史学者）はこの分野の開拓者のひとりなんですが、敬意は表されているけれども、主流からはずれた孤高の存在になっている。では漁業史がどうして主流からはずれるか、ということなんですが、端的にいって漁業という産業は、生産力が発展すると、かえってダメになる一面を持っているんですね。湖などではそれはとくに顕著で、魚のたくさん獲れる網が出てくると、たちまち濫獲になって、むしろ漁業は先ぼそりになってしまう。ですから実際、現在漁業・漁民の歴史を研究するということは、これまで日本の漁業を支えてきた沿岸漁民についていえば、社会的な生産力が発展していく過程で、それが衰退し滅んでいく過程を明らかにするということにならざるを得ないという一面があるんですね。

これは民具の場合でも同じだと思いますし、民俗学の出発点の問題とも当然からんでくると思います。つまり生産力の発展、社会の成長の結果むしろ、少なくとも表面的には滅びたり消えたりしていくものの中に、実はわれわれが考えなくてはならない、人間にとって非常に大切な問題があるのではないかという点ですね。渋沢さんが漁業史と民具研究という二つの柱を日本常民文化研究所で育成されたことも、そういうことと関係があるのではないかと思います。

民俗学の場合も柳田さんの仕事には、まったく同様の問題があると思いますが、なぜ、民具学と民俗学は分かれたのか？　これは民俗学と歴史学の問題ともからむかもしれないので、そのへんのところを突っ込んで考えてみると面白いと思うんですが。

それからまた、羽原又吉さんには『アイヌ社会経済史』（白揚社）というお仕事がありますます。戦前に書かれた本で皆さんもご存知ないかもしれませんが、当時の段階でアイヌの歴史をかなりよく調べている。アイヌに関する開拓的仕事だと思います。

今の漁業の問題とアイヌが関わりを持っていることももちろんあるわけですが、羽原さんは戦前の段階で、現在ではかなり顕在化しているアイヌ民族の問題に、ある種の共感というか愛情を持っている。渋沢さんも『アイヌ語辞典』に関する知里真志保（ちりましほ）さんのお仕事に常に援助を惜しまなかったことによって、アイヌに深い関心のあったことは明らかです。こうしたお二人のアイヌ民族と漁業への注目は、やはり共通するものがあるような気がします。

渋沢さんが戦前にされたお仕事が、現在起こるべき問題のかなりのポイントを直観的にとらえている。この点が、渋沢さんが非常に偉いなと思う理由のひとつでもあるわけです。ちょっと脱線しましたが……。

「もの」を無視した民俗学

宮田　民具学という言い方をしているんでしょうが、その前の柳田国男とか折口信夫とか渋沢敬三といった草創期の人々の当時の問題意識の持ち方が、後世の個別分散化の方向につながったように思えます。たとえば柳田国男のやらないところを押さえようというのが渋沢さんや折口さんにもありますし、柳田さん自身が、あれは折口さんがやっている、渋沢さんがやっているという言い方で避けているんですね。それはやむを得ないことだと思うんですが……。
柳田民俗学の中で漁業の研究は、もっぱら不浄とか浄という観念の、農民にないものを漁民が持っていて、具体的には漁村では、出産のときの女の人の穢(けが)れの期間が農村よりもはるかに長いということがある。そして漁民の日常生活の生業形態、労働の危険性がもたらす不安感とそれに対応する神の関係が、農民の信仰とは違ったタイプであるとする漁民の精神構造の研究が先行してくる。

そこでは網野さんのおっしゃるとおり、技術的な問題はたぶん足りないでしょうが、桜田勝徳さんとか亀山慶一さん、また若い研究者は精神史と技術史の両方の接点をいこうと考え仕事をしています。こうした面からいうと、渋沢さんの、たとえば『塩俗問答集』は、日本人の塩を使う民俗における浄(きよ)めの観念と関わるんです。

塩を売り歩く行商の生態的な面もあると思いますが、こうした問題が研究されたことはすぐれて柳田民俗学的な視点が用意されていたことを示しています。

民具学というと、要するに道具を集めてくるという誤解が先行してしまって、文化財保存的な意味にのみとらわれがちです。ものを分類して保存するということは、博物館のいちばん基礎的な仕事に関わっているんだということになっている。しかしたとえば猟（漁）をする行為は、漁業の漁と狩猟の猟に関わる。そこで山と海が文化的につながるというかたちでとらえてくる。海側に漂着した人間が、平地を飛びこして山に入っていくと、どのような生活を作っていくかということとか、神観念の平地民との違いも問題になる。

ここには壮大な文化交流史が生まれてくる。そういうことを渋沢さんは考えていたのではないか？　あるいは宮本さんはこうしたかたちでどんどん領域を拡げていったのではないかと思うんですが、どうでしょうか。それはもちろん歴史学的なアプローチがなくてはできない仕事です。日本常民文化研究所が折り目を迎えたとするならば、若い世代を今後吸収していくような方向を持つかどうかに関わるはずです。

民俗学がものを無視したがために、祖霊信仰説で頭打ちになって動きが鈍ってしまった。民具を中心に民俗を構成する視点から日本の歴史全体を体系化できるということを、既成の民俗学や歴史学を批判されながら主張されるのが、網野さんではないかと思うんです。どうも弥次馬的な言い方で恐縮ですが。

網野　そんな資格も力量も私なんかには全然ないですよ。しかし先ほど職人集団の問題が民具に関係して出てくると言ったんですが、日本常民文化研究所に多少とも関わっているかぎり、民具学に対して歴史学がどう対応したらいいかは、やはり考えざるを得ないですね。

最近、歴史学もようやく絵巻を史料として本気であつかうようになってきましたが、この分野はやはり渋沢さんの着眼で、日本常民文化研究所の人たちが戦前から研究してきたわけで、それが『絵巻物による日本常民生活絵引』（平凡社）として結実しているんです。この仕事に見られるような渋沢さんや宮本さんの視野の広さで、今後歴史学も民具学も考えていかねばならないことはいうまでもない。まだまだ研究すべき余地はたくさんあるんですが、歴史学の本来の史料である文献でなにができるのか、ということですね。

実は河岡武春さんから最近「中世史はどうやって民具学に協力していただけるのでしょうか?」と聞かれましてね。さて困ったと考えてみたんです。

ただ、まったく手がかりがないというわけでもない。中世文書の中に、時々、罪を犯した武士や百姓の家が差し押さえられたとき、あるいは不法に家財が奪い去られたときに、追捕注文とか雑物注文とかいう財産目録が作られるんです。余りたくさんは残っていないんですが、それには庶民の家財の中で、大切だと見られているものはすべて書きあげられるわけです。それを集めて並べてみたらどうかと思ってやってみたんですが、これはそれなりの意味がありそうです。

まず武具、弓矢、刀が出てくる。この程度の武具を、庶民はみんな持っていますね。つまり武装できるわけです。それから犂(すき)や鍬、斧のような道具、それから帷(かたびら)や小袖、小袖には布小袖とか小小袖、絹小袖などがあるんです。このへんも民具の研究と関係が出てきそうですね。

いずれにしてもこれは百姓にとっては貴重なものなんですね。それから鉄製品の鍋、釜、それに金輪が多い。ゴトクですが、西日本の史料だけなのではっきりいえませんが、東日本の自在鉤(じざいかぎ)のイロリとは違うことがわかるわけです。当然それを供給した鋳物師や鍛冶、そして市場の問題も出てくることになります。室町時代になると、やはり急に家財が豊富になってきます。若狭の太良荘(たらのしょう)の百姓の例ですが、牛を三疋(ひき)、磨臼、茶臼、茶椀、鍋、金輪、壺、たらい、桶、それに畳を五枚も持っている。同じ若狭の、今では寒村になっている御賀尾浦（現在は神子浦）の刀禰の財産目録には、天目・染付の茶碗とか、白皿、青皿、これは多分白磁・青磁でしょうが、朱漆塗りの盆や椀もたくさん見られます。これは間違いなく海を通じての交易によるものだと思いますね。こういう例をたくさん集められれば、民具学に対応できるんですがね。

私は民具学自体について、発言する力はまったくないんですが、たまたま目に入ってくる最近の動きを見ると、やはり職人や流通路の問題にまで目を向けている方も多いようですし、道具そのものの地域差についてもいろいろ研究が出ているようなので、これからの歴史学との協力・交流はたのしみになってきましたね。

去年（一九八一年）の民具学会での朝岡康二さん（文化人類学者、専門は冶金史・鍛冶技術史）のナタについてのレポートは面白かったですよ。包丁型と先のとがったナタの分布も面白かったんですが、先のとがった部分は実用的でない、ある種の鍛冶の呪術に関係するものではないかということを、世界的な規模で解明しようとしたもので、民具の研究が職人の精神文化の研究とも結びついてくることになります。

こんな具合にいろいろな模索の仕方はあり得るし、それぞれに努力をしはじめたところ、というのが現状でしょうね。

民俗学と民具学の「不幸」

網野　最近、宮田さんは柳田民俗学の批判的発展という観点から、都市民俗を取り上げておられますが（『都市民俗論の課題』未来社）、民具と職人の問題とも関連してくると思うので、ご自身の最近の構想や今後の日本の民俗学がどうあるべきかについてのお考えをお聞きしたいのですが……。

宮田　今おっしゃった道具の問題で、最近、小松和彦さんが付喪神（つくもがみ）という妖怪を取り上げている。つまり道具の化け物ですね。それを室町時代のデータで説明しているんです。民俗学の例からも道具にともなう霊的なものがあって、妖怪になってあちこちに出現する例があるんです。家の中の器材はお膳とかお椀が多いんですが、それが踊りだすというのは特別な霊力が働いたことになる。柳田さんは、膳椀を作った職人は山の民で、彼らが農民の日常の場に入ってきた、そして朱塗りのお膳や椀が家の宝になる。椀貸し伝説を背景に持った木地屋（きじや）の力が背景にあることを指摘している。

山人の作ったものが里に入ってくると、里の人間はそれらに対して畏怖感を持つ。道具そのものに対して霊的なものを感ずれば、それを家財として文献に残しておかなくてはならないということになる。そこで記録に残すわけです。無用なものは捨ててしまうわけですが、道具が保存されると、それにともなって器物の霊力が妖怪となり、つくも神という名称を持つわけです。これはものと人間の精神史を考えるうえで重要なデータだと思われます。

問題が民俗学と民具学の共通の話題となって出てくるわけです。柳田民俗学と民具学は、組織が別であったという因縁がそのまま今でも続いていてはよくないわけですよ。それが解消されていくような研究課題が設定されなければならない。ものを知らない民俗学と、カミをぬきにした民具学という割り切り方でいくのは、そもそも不幸だと思います。そういった方向がなくなっていく可能性はあるのではないか。若い世代も生まれつつあるという気がするわけですがどうでしょう。河岡さんや網野さんがもっとラッパを吹かれるといいのでは……（笑）。

民俗研究全体からいえば、かつて柳田さんばかりによっかかっていて、柳田没後、今はてんでんバラバラです。何が中心なのかわからない状態ですから、民具学の柱をしっかりたてる必要があると思います。私が都市を問題にしているのもまったく同じことでありまして、あまり深味のある言い方ではないんですが、都市を研究することによって従来の民俗学だけではなく、いろんな学問と一緒に議論できるような場になっていくという、そういう意味で都市をもちだしています。

もともと私は民間信仰にひかれている傾向が強いですから、いつも生産関係をぬきにして原始・古代から現代まである、という言い方をするためによくお叱りをうけます。

これは民俗学全体に対する歴史学からの批判でもありますけれども……。ですから民俗学だけならいいけど歴史学の方には余りクチバシをいれるな、というふうに育てられてきたわけです。

ところが、歴史学の内部から網野さんが強烈にそういうことを言われたということは、驚天動地の出来事ではないかと思っています。柳田さんは『国史と民俗学』の時点で、それを当時の東京帝国大学の国史学の人たちに言ったわけですが、無視された。しかし、百姓は農民闘争ばかりやっているわけではないということを主張することによって、農民生活史というものの全体像を描けると主張している。あれは一九三六年から四四年の時期で、民俗学自身の立場を明確にするときでしたから、そこで当時の国史学と分かれたわけです。その流れがずっと続いてきた。

最近のターニング・ポイントのきっかけになったのは皮肉にも、文化人類学の立場から山口昌男さんが紹介していた歴史人類学派のアナール学派ですね。これが歴史学研究会中心の歴史学批判をすすめることになった。しかし網野さんの発言は、従来からの主張が一貫していてたまたまそれが噴出したわけで、現在の社会史の流行の中に一緒にされているところが本人も釈然としないのではないかと思うんですが（笑）。

現代の問題に対処できない歴史学

宮田　新しい歴史学の展望の分かれ目はこういうことでしょうか。歴史学には古代・中世・近世・近代・現代の時代区分は厳然としてあると。それは認めなければいけない。次にその区分を超える何かがあるということを、認めるか認めないかということです。これが歴史学の新しい展望の基準になっているわけですよ。それを認める人と認めない人がいるだけで、認めない人はいいんではないかと、認めたくなければ……（笑）。それを認めようとしなければ議論ができないんですから……。

でもいいのではないですか？　従来の歴史学できちんと体系だてられる人はそれでいいわけです。それを中心とするなら、時代を超えて何かがあることを認めようとする思考を周縁に置くというのは、図式としてたいへんバランスが保たれている。民俗学的な考え方がもし中心にあったら、これは思考自身がダメになってしまう。本来周縁にいないと強力な働きができない（笑）。

網野　確かに緊張関係がなくてはダメでしょうね。しかし今おっしゃった問題は、今のところ歴史学と民俗学というかたちをとっているけれども、実は、どちらの学問の中にもあり得る思想的問題なのだと思うんです。つまり、歴史学の場合でいえば、古代・中世・近世・近代というふうに考えていくのは、やはり社会の進歩、発展の方向、その法則を追究しようという見方がその根底にあるといってよい。しかし先ほど申したように漁業の場合は、産業としては社会の発展とともに衰えていく面がある。民具の場合も滅んでいくものも多いわけですし、民俗にしても同じ一面を持っているといっていいでしょう。

　歴史学の主流が、漁業史を無視したり民具学・民俗学に冷淡であった理由のひとつはそこにあるのです。やはり歴史学は社会の発展・進歩の経緯を考える学問なのだという近代歴史学の基本的な思想・理論からいえば、今、人類の中から見捨てられようとしているようなものをテーマにするのは、老人の回顧趣味か物好きの仕事だということにどうしてもなりがちだったのではないでしょうか。同じように、これまでの歴史学は、やはり物事の変化していく面を考えようとする。

　しかし民俗学や民具学は、いま言われたように時代を超えたものをその研究対象としている。縄文時代に使われた筵（むしろ）と同じ技法で作られたものが最近まで使われているとか、原始時代のつぶてが今も生きているという発想をするわけですね。しかし、歴史学でもそういう発想をしてもいいのだと思いますし、逆に民俗学の方も変化の過程を問題にすることも大切なのではないでしょうか。ですからそれは理論というか、思想の問題だと思うんです。

　ただ、現代の状況を考えるかぎり、もはや生産力が発展すれば社会がよくなり進歩するというだけではどうしようもない問題が出てきたことは間違いない。公害問題だって、核や遺伝子の問題だってみんなそのことと関連しているわけですね。社会の発展史を追究してきた近代歴史学の成果はもちろん尊重しなければならないのですが、もうそれだけでは歴史学が現代の問題に対処できなくなっている。宮田さんの言われた「時代を超えるもの」、私の先ほど言った衰退しつつあるように見えるものの持っている大切さを十分に含み込んで、人間の本当の意味での発展とはなにかをとらえた思想・理論を生み出していかなければならなくなっている。それでなければ、漁業史や民具学を本当の意味で学問の中に定着させることもできないと思います。

ですから宮田さんが先ほど言われたことは、やや弱気のように思うので、そちらはそちら、こちらはこちらといってすませておくわけにはいかない。歴史学の中でも民俗学の中でも、仲間うちのなれあいはやめて、もっと激烈に議論をする必要があるのではないか。私はそういう点でやや強気な面があるわけです。

折口〝評価〟の気運

網野　私のことを「末法史観」と言う人がいるんですが、それならそれでもいい。末法観に徹したところから親鸞の思想だって出てくるわけですね。もちろん、私は歴史の発展を否定する気はまったくないんですが、そういう一面を認めようとしないで、一体今の人類全体の置かれている状況を本当に打開できる自信があるのかということを大いに言いたいんです。別の言い方をすれば、アイヌの問題や漁民の問題を取り上げないで、日本の民衆の歴史が本当に書けるとでも思っているのかということですね。

山野や河海、湖は、これまでの農業史の方からいえば、開発や土地私有の拡大の対象でしかない。せいぜい用水や肥料の給源なんですね。しかし、そこには、それ自体を生活の場にしていた海民や山民、非農業民がいたわけです。農業の発展は、こういう人たちにとって、一面では生活の場をうばわれることになる。その極致が現在の開発でしょう。しかし今の山や湖、河海のひどい汚染を放置しておいてよいはずはない。実際、人類の生存にも関係しているわけですからね。だからこそ、今は滅びてしまっているとしても、かつて山、河、海それ自体の持っている論理を代弁してきた漁民や山民の歴史、その思想や叡知をさぐる必要があるのではないでしょうか。農業史、農民史もそういう問題をふまえて新しい角度から考え直す必要があると思うんです。ただ、こういうことを言えば摩擦が起こらないはずがないので、平行線でやりましょうということでは到底すまないと思います。

同じような問題を、民俗学の方からももっと積極的に発言していただきたいですね。単純に民俗の有り様は歴史学の発展を否定するというのではなく、それを超えて、本当の意味での人間の発展とは、どういうことかを考えるための問題をどしどし出していただだきたい。

宮田　柳田さんや折口さんは、そういうところを持っていた人たちでしょう。

網野　そう思いますね。

宮田　僕は柳田さんの次の世代から教わっているんです。つまり、知識として民俗学を教わっている。柳田さんや折口さんがものすごい緊張関係で闘った後の民俗学は、形骸化されて、人類学とは仲よくやって歴史学とも調和を保っているということで一応命脈を保っているわけですよ（笑）。しかし、現実はいきなりデータをぬきにして知識としての柳田、折口の世界観を強力にたたき込まれる。ところが彼らの時代の民俗学とは今日相当に違っている。柳田、折口を語ることがいいことだと思うわりには、学問としての民俗学は実際ますます矮小化が進んでいます。

先ほど網野さんが言われたもので重要なのは、古代・中世……を超えるような、そういう存在をなんていうんですかね。民俗の自律的な展開・発展を説明する概念があればいいんですが。その点を折口さんはうまくついているように思える。折口は古代と現代が一体化した民俗をとらえた。谷川健一さん（民俗学者、地名学者、作家）の『青銅の神の足跡』（集英社）は、そういう意味でのひとつの実証を出していた。天皇制以前を民俗の問題としてとらえている。こうした考え方は、いわゆる正当な古代史家からは別あつかいされていますね。

ここ二、三年折口さんの考えていた構造的な分析を人類学者が盛んに評価しています。同時に歴史学を新しくしていこうとする立場の人たちにも折口の考え方がうけ入れられ、かなりのヒントを折口から得る人は多いですね。一方、柳田民俗学は歴史学に適応させていますね。柳田は中世の末から近世を中心に置いて、近・現代の流れの中で歴史のクロノジカルな側面にあわせた民俗を見ていた。したがってある部分では強いが、ある部分では歴史学に従の立場に立つ。私は折口の持っている民間とか民俗の分類は柳田のとは違うと思う。彼の周期伝承という表現は、民俗の自律的なひとつの時代に対応する変化の論理といってもよいのでしょう。その折口を徹底的にやっていないのが柳田民俗学の弱さであり、それが日本民俗学の主流になっていることが形骸化する路線と結びついている。新しい歴史学には、そういう形骸化した部分に活力を与えることが望まれるのではないか。

歴史学の立場からいえば、民俗学の民俗資料分類法・収集法を評価しても、それは使えないということでカットしている部分が多い。これは歴史学と民俗学とがいかに話し合いがうまく行われていないか、ということを示しているんです。折口学だったらそんな細かい分類はしていません。一揆論に当たって「まれ人」の観念や<ruby>や<rt>、</rt></ruby><ruby>つ<rt>、</rt></ruby><ruby>し<rt>、</rt></ruby>＝変身の論理が基本に見られるという勝俣鎮夫さんの指摘（『一揆』岩波新書）が生きてくるかたちにもなるんですね。民俗学の内部にもいろんな考え方があって、それをどのように押さえてどの部分を歴史学に導入できるかという問題を共通のテーブルの上で議論しないとダメなんです。

網野さんの『無縁・公界・楽』（平凡社）のとった民俗の倒叙法は、エンガチョの遊び方を中世に持っていったやり方で、いわば柳田国男と同じ発想ですね。柳田は中世とは言わなかったが、原型を古代の神話や呪術に持っていかないわけです。生活史のひとつの流れとして考えていく。そういう方向は民俗学という表現をしなくとも、歴史学としても成り立つもので、民俗資料の操作の仕方に関わってくると思います。その点、網野さんは成功しているわけです。

やはり原則は歴史理論を中心とした史学史をふまえて、きちんとつくりあげないかぎり、アナール学派の流行によりそった形の〝新しい歴史学〟になってしまうのではないでしょうか。歴史学の若い世代にはそうした流行にのる人とのらないでイキがっている人も出てくるわけですね。日本人は理論をつくるのが弱いわけですが、柳田民俗学や折口民俗学の再検討によって新たに生み出せる可能性もあると思います。

坪井洋文、佐々木高明の仕事

宮田　比較民俗学の基準についていえば、比較という表現を単に民族間の相互比較ということだけにとどめず、相対的な文化類型の設定と対比するという方向をとることによって、民族間の言語的差異その他によって生ずる難問をのり越えようとする考え方も生まれています。

たとえば最近の坪井洋文(ひろふみ)、佐々木高明さんなどの焼畑農耕、畑作文化と、水田稲作農耕や稲作文化の対比の視点ですね。これもイネ一辺倒の民俗文化論を批判して、民俗を構造的にとらえようとする方向です。ちょうど歴史学における非農業民の位置づけを再検討しようとする志向と、重なり合う部分があり、歴史学と民俗学との関係に新しい局面が生じていると思います。

網野 これはまったく同感です。坪井・佐々木両氏の仕事は、農業民と非農業民の問題につながるだけでなく、西日本と東日本の問題にも重なるんですね。私は極端にいって「東国民族」が存在したといってもいいと思うので、民俗学の研究がそういう方向で進んでくると、地域史との新しい結びつきも出てくるでしょう。これは「朝鮮民族」との比較と表裏の関係にあると思うんです。ただ、語彙のことはそれだけでは工合が悪いんでしょうが。言葉の意味が変わるという問題もあって、私には関心があるので、先ほど折口さんの話が出ましたが、民俗事象に即して見られる変化の節目とも、それは関係しているように思える。

先ほどの理論、思想問題は歴史学、民俗学入り乱れて大いに議論、協力したらよいと思いますが、それとは別の次元で資料学を設定して相互に協力をする必要がある。民俗資料、民具資料、文献資料の資料そのものの性格の解明、それに即した扱い方、資料批判の方法、資料の機能などをそれぞれに学問的に明らかにしていくことですね。

文献資料の方は、古文書学が一応確立していますが、系譜学、日記学、書誌学などはまだまだまったく未発達なんです。日本常民文化研究所でも、それを総合的にやっていけたらと思っているんですが、そうした学問的な基礎ができないと、先ほどの議論も本物にならないと思います。いずれにせよ、今後の課題で、やらなければならないことはたくさんありますね。

被差別民と天皇の研究

網野　先ほども話に出ましたが、勝俣鎮夫さんの『一揆』では、これまで歴史家が農民の歴史を一揆史観（農民闘争史観）に分類してしまった問題点を指摘されている。むしろ一揆そのものの中にある百姓の民俗、たとえば一揆を起こしたときの百姓の服装の問題などは、アナール学派の仕事を引用しなくとも、日本の歴史研究がこれから進み得るひとつの方向を示したものだという気がします。

折口信夫の仕事の中には歴史の方から見てみますと被差別民と天皇の問題、つまり非農業民の問題が出てくる。折口さん自身は「天皇肯定論者」ですが、むしろ逆に折口の天皇の取り上げ方は、非常に本質的なとらえ方だと思っています。

一方、柳田国男にも、被差別民の問題にふれた『毛坊主考』がありますが、ある時期から彼はそれを問題にしなくなってしまった。意識的に落としたのかどうかは、宮田さんに厳密に言っていただいた方がいいかもしれませんが、折口のような意味での取り上げ方はしていないという気がします。

宮田　そうですね。

網野　とくに被差別民の研究は、歴史の方では穢れの観念や衣装、服装をめぐってかなり出始めています。現代の民俗学には柳田の流れが強いせいか、被差別民と天皇の研究はほとんどないと思いますが、最近ではどうなんでしょうか？

あちこちからあったとしても、なぜそれがわれわれの耳に聞こえてこないのか。実際、天皇や被差別民の問題にふれるとあちこちから非常に叩かれるという現実がある。私は、天皇が実際に今まで続いてしまった事実を正面に置いて研究する必要があると思いますが、そう言うと学界から叱られるわけです（笑）。天皇の問題については、歴史学はこれまでもっぱら政治権力の問題として取り上げてきました。しかし天皇は権力としてとらえるだけでは、本質を把握できないところがあります。折口の『大嘗祭の本義』は、明らかに天皇を民俗学の対象としており、この問題にふれています。

それと対応するという意味で、被差別部落の問題も同様の問題をはらんでいると思います。部落問題にはいろいろな政治的な対立もあるわけですが、対立している双方が本当の意味で民俗学の問題にからむような視点を徹底的に取り入れた方がよいのではないかと思いますが、こうした問題について、民俗学者はほとんど発言されていないような気がしますが、それはどうしてなのでしょう。

宮田　重要なご指摘ですが、折口民俗学が対象にするのは、おっしゃるとおり定着民ではなく漂泊民なんです。芸能を伝えた漂泊民の伝播(でんぱ)経路、たとえば列島各地に伝わる里神楽の問題は、当然宮廷神楽から敷衍(ふえん)されたものと考えられます。神楽の構造の中には人間の死や再生の問題が出てくる。折口はそれを調べるのに里神楽や宮廷神楽に注目したわけです。そして結局天皇家の儀礼にぶちあたった。天皇制を支えている大きな文化要因を直観的に理解したのではないでしょうか。その問題を追究していけば、必然的に芸能民の歴史と生活の問題に関わり、芸能民はまた被差別の問題につながるという一貫性がある。

柳田国男は個人的には、神主さんの系統だから神道家の流れに立つ。天皇とも個人的に近い方でむしろ家庭教師のような立場にあった。沖縄の問題を天皇に進講する媒介をしたりした。政府の官僚でもありましたから、天皇制については直接発言をしていません。伊勢神道の研究なども直接はしないで、民間の名もない小さな祠(ほこら)の研究をやるように弟子たちに指示もしていたわけです。

天皇家の儀礼は本来名もない小さな村の神主さんが司祭するお祭りと同じことをやっ

ていたのに、その中間に神社神道が存在して余計な介在をしたから上と下がつながらないという考えを『神道管見』（田中達著・日本基督教興文協会）でのべています。また宗教学者の堀一郎さんもそういう影響を受けており、両者をつなぐような漂泊民や遊行者の研究をしているわけですね。

こうした研究方向が民俗学にはずっとあると思います。問題なのは、それを直接的にやらないのが柳田民俗学の特徴で、そのために主張としてはやや弱いものになるかもしれません。柳田の巫女論や毛坊主の問題、つまり非農業民を扱っていた時期は、大正初期から大正十年前後までの主として郷土研究の時代にあたっていた。

その後、「能と力者」という論文の中で、常民の中に非常民が次第に入ってしまっていることを指摘した。つまり芸能民の人々も「常民」文化の中にとらえられてしまうわけです。念仏踊りなどの鎮魂儀礼の担い手たちを、死者の供養の世界に同質化してしまうかたちをとり、被差別への視点がストップしてしまったといえる。

一方、折口は天皇制が現代にも古代にも通じている構造として存在することを主張した。柳田は現在の天皇家の儀礼そのものが、本来のものを消滅させてしまっているということで、その中にこめられていた差別の構造をとらえる研究の方向をやめてしまうわけです。しかし、民俗研究のためには現実にフィールドをやらなくてはいけないわけで、柳田が案出した百項目にわたる質問項目にもとづいて、被差別民と農民とをパラレルに調査しようとしますが、それぞれの地域で政治的な問題が出てくると具体的に実施することが困難な時期があった。
　現在は、部落解放同盟が中心になって民俗調査が行われるようになっています。そこからどういうフォークロアのデータが得られるのかということについては、まだはっきりした展望が出ていないんですが、近年、大阪府で被差別部落の詳細な民俗調査報告書がまとめられています。そこから今後どのような意味が提示できるのか検討されるべき段階にきています。
網野　そう思いますね。
宮田　そうしないと本来の民俗学の凄味がなくなってしまう。
網野　そういった意味での学問的なアプローチがもっと出てきていいのではないかと思いますね。

朝鮮の民俗・日本の民俗

網野　最近、安宇植・編訳『アリラン峠の旅人たち――聞き書・朝鮮民衆の世界』（平凡社）を読んだんですが、朝鮮と日本の民俗の類似性・同質性を率直にいって強く感じました。とくに日本の職人の問題を考える上で、たいへんに参考になりました。もちろん両者の相違点も含めて考える必要がありますが……。社会学者の江守五夫さんが、朝鮮の両班階級の招婿婚と日本の公家の一時的訪婚とが非常によく似ていると言っておられました。
それから私は「飛礫」に関心を持っているんですが、飛礫の民俗もたいへんによく似ています。正月の十五日と八月十五日に行われているのだそうですが、日本と同じです。どうしてこうした類似性が出てくるのか。その謎も、これから朝鮮の民俗と日本の民俗の比較研究が進めば解明されるでしょう。こうした問題は双方のナショナリズムを超えてやらなければいけないので、そうした比較研究をやることによってはじめて双方の認識の裾野が拡がると思います。

宮田　柳田本人は、朝鮮の民俗研究は直接やってはいません。今村鞆らの民俗学研究を評価していましたが、そうした研究も太平洋戦争の直前、昭和十五年ぐらいで終わってしまった。

網野　政治の問題も関係しているでしょうね。

宮田　柳田はそのときに、要するに「朝鮮に日本の古代がある」という見方で民俗調査するのはおかしいと主張した。朝鮮と日本には違っている部分と似ている部分がある。まったく同じであるはずがない、歴史的に違うんだと……。だから同じものがあったとしても、それは歴史的な発展の仕方が違った結果、たまたま類似している。そういう認識を前提にして民俗調査をやるべきだとのべている。

似ている部分はどの程度の差があるのか。似ている部分はたくさんあるに違いないが、違っている部分もあるわけで、それを見つけないと両方が見えない。比較の場合に重要な基準ですね。

網野　当然そうですね。

宮田　しかし結局、そうした問題提起で終わっている。

それからもうひとつ、柳田民俗学は民俗語彙に基盤を置いた。この点は社会学者の有賀喜左衛門（あるがきざえもん）さんらが批判したわけです。その視点では文化人類学的には論証されても、歴史学との対応では民俗語彙が曲者なのです。土地の方言にともなってその背後に民俗的儀礼はたくさんあるわけですが、これは歴史（時間）を超えている。言葉として伝わってくるものですから、古代・中世・近世といった時代区分的な発想では割り切れないんですよ。

ですから民俗学の独自性が存在するとすれば、非歴史的な世界の根拠をかたちにすることとなのです。そのひとつが民俗語彙なのです。柳田は日本全国から、一国民俗学の立場で民俗語彙を収集したわけです。朝鮮と比べる場合にも、朝鮮の民俗語彙を全部集めてきて、その言葉と言葉を民族相互に比較しながら、背後の事例や思想を比較することを主張した。しかし先ほどふれた事情で、それも不可能になってしまった。

日本の民俗学では柳田が民俗語彙を収集しましたが、他の国の場合にはそうしたことをやっていないわけです。外国の民俗研究はそれぞれの方法を持っていて、むしろ人類学や社会学と重なる分野だと認識されています。日本では本来歴史学でやることを、民俗学でやっていたりする。ですから日本の民俗学は、国際的なレベルでいうと独特なスタイルを持っているわけですね。人類学に近い部分と歴史学に近い部分がある。外国ではフォークロアというと、文学の世界だと考えられていますね。

現在は韓国との学術交流はスムーズなんですが、北朝鮮とはフランクに交流できない現実がある。東アジアの民俗学研究は、さらに中国や台湾の問題もからんで、掛け声はあがるんですが、実質上若い世代が集中的に調査をするのがむずかしい。

石打ち・ポルターガイスト・天狗の飛礫

宮田　ところで飛礫で思い出しましたが、飛礫は中沢厚（なかざわあつし）さんの『つぶて』（法政大学出版局）が刊行され話題を呼びましたが、著者は宗教学者の中沢新一さんのお父さんだった（笑）。中沢新一さんも丸石の研究をしていますが、お父さんの影響なんでしょうか？（笑）

飛礫、つまり投石が原始古代から現在まで生き残っているという発想を、民俗学者は当然するわけです。ところが、古代や中世を論ずる歴史学者は、社会体制とのつながりや投げ方に時代の意味があると主張する。しかしそれは網野さんも言われているように、飛礫には中世的なやり方、近世的なやり方がある。しかし、なおかつ時代を超える意味もあるはずです。

飛礫の場合はわかりやすいんで、僕もそういうことを念頭に置きながらデータを読んでいたら、「石打ち」の話が出てきた。この話は「池袋の石打ち」といって、都市の民俗でもある。江戸の町で武家の主人が、江戸の近郊農村だった池袋出身の若い下女を雇う。その娘を主人がレイプしてしまう。そうすると、その家の中に突如として石がビューン、ビューンと天井を飛び回って激しい音をたてる。その石打ちが終わると家全体が家鳴りして振動が起こり、家の中の道具が空中を浮遊するという現象が起こった。

柳田国男は、「池袋村の女」がなぜそうなったのかについてふれています。おそらく都市近郊の農村には不可思議な心理が存在しているに違いないと言うのです。これは都市研究の重要な視点なんですね。近郊農村出身の女が大都会に来て、その町中で性的な衝撃を受けたときに、人知を超える力が働く。それが石打ちになって表出する。

南方熊楠は、柳田のその論文を見てこれは面白いと評価し、それはドイツのポルターガイストであると言った。そしてドイツにもあるが中国にもある。日本でも鎌倉時代の説話集『古今著聞集』にも載っている。京都の町通りを歩いていると、バラバラと石打ちが起こり、御所の中やお公家さんの家の中でもそうした現象が起こったという。

網野　それには気がつかなかったですね。

宮田　つまりバラバラと石が飛ぶんです。その原因は狸の仕業だと書いてある。
網野　ああそうか、「狸の石打ち」のことですね。
宮田　それと同じことが江戸の中でも起こった。原因は狸とはいわずにおさき狐であるという説と、池袋村の氏神が、氏子である娘が他の男に処女を奪われたために復讐をしたという説があった。また先ほどもふれたように、柳田は「不可思議な心理」と言っている。

日本の近世では、中世のように巷でバンバン石が飛び交うという現象は起こらずに、むしろ狭められた都市空間の一部で超常現象が起こっている。南方が言うポルターガイストは、都市の中に起こりやすい現象なわけです。

なぜ「池袋村の女」かという点はよくわかりません。女性のスピリチュアルパワーだと思いますが、それ以外にも石打ちは「化物屋敷」で必ず起こる現象です。そういった現象は、京都や江戸だけではなく、現代の巨大化した東京でも起こっています。つい先日も、立川市の錦町のアパートで起こった。震動と石打ちが起こり、警官が飛んできたけれど原因がわからない。結局、怪談「立川の怪」で終わってしまった（笑）。

石打ちというのは、民俗学的には狐狸の霊がなせる業、つまりわれわれの感覚を超えた何かの要因で働く現象で、超時代的に起こり得る現象といえます。中世的なものと近世的なものは確かに違うという分け方はできますが、しかし同時に民俗文化の中の自律的な展開としては、「天狗の飛礫」は都市空間の中に封じ込められた霊力の発現ととらえることができます。

つまり、単なる広い空間における霊的なものと人間の対決ではなく、狭い都市空間の中に霊力を閉じ込めるということは、人間が都市を作って自分のものにしてきた証拠であるわけです。妖怪や怪物を都市の異空間に封じてしまう。こうした変化が民俗学的な視点からは指摘できます。

最近、アメリカの『ポルターガイスト』という映画を観る機会がありました。登場する家の一角がこの世とあの世の境になっている。部屋に置いてあるテレビの画面を媒介にして、あの世の妖怪がその家に現れ、四歳か五歳の女の子に取り憑く。そして向こうの世界へ引きずっていく。そのときに、家全体が振動し、日本の石打ちに類する現象が起きる。家の横にある木が唸りだし、トルネードが起こっていろんなものが飛んでくる。さらに家中の器物が飛び回るという現象が起こる。

この映画はアメリカ的な解釈ですが、モチーフは人類が共通に持っているものです。こういうとらえ方は、民俗学では問題がないんですよ。「霊的な力が石にともなって、都市の中に人間が妖怪を封じ込めていこうとする精神的なプロセスだ」なんて言うと、歴史学ではなんか眉唾ではないかと見るわけです。

網野　いやいや、この問題については、私は「中世的、近世的」というとらえ方だけではダメだと思っているんです。いま宮田さんが話された事象は非農業民と農業民の交流の境の問題にもなるだろうし、霊的なものと俗的なものとの境界もからんでいると思います。

室町時代になると、「近世」江戸時代に通ずるさまざまな形ができはじめると思います。つまり、飛礫も年中行事化していく。特定の年中行事のときにしか印地打ち（いんじうち）は行われなくなるわけです。あるいは霊的な現象を、たとえば「天狗の飛礫」と呼び習わして処理してしまう。そのような形でしか飛礫の「怪異現象」が現れなくなってしまうのですが、そうなるのは室町時代以降なんですね。

逆に飛礫そのものを人間が取り込んで、武器として組織的に使うようになるのも室町期から戦国期にかけてですね。南北朝の動乱期から悪党が飛礫を武器に使いはじめています。楠木正成はまさしくそうです。

歴史の中の〝別のリズム〟の発見

網野　私は南北朝期十四世紀に列島社会史の「民族史的転換」を想定していますが、その転換期以降の社会は江戸時代から高度成長期以前の社会にもつながると考えています。現代はまさしくその次の大転換期にあたるわけですから、歴史を、古代・中世・近世・近代で区分するのは制度史の区分で、社会に即しては単純にそうはいえないので、別の次元の区分が必要だと思います。

鎌倉時代以前の飛礫は、人間がまだ霊的なものに動かされている段階だったのでしょうか、突如として大衆が飛礫を投げ合い始めたりすることがありました。得体の知れない衝動に動かされることがありました。しかし、室町時代になると、それが年中行事という形で統御されるようになります。そこに時代の大転換期としての南北朝期をとくに強調する理由があるのです。民俗のリズムに大きな変化が現れるのですが、その変化は、かつての活き活きしていた野性が封じ込められていく過程ともいえます。

宮田　自らの研究領域（時代）にこだわる歴史家らしくない大胆な視点ですね。

網野　今、民俗学が価値を認めるのは活き活きした野性の世界なのか、それともこれを押し込める文明なのか、どちらにプラス価値を認めるのかという問題が当然出てきます。

笑い話になりますが、飛礫が今の社会にあるとしたらプロ野球がそれに当たるでしょうか？　観衆も試合を観ていて物を投げたりすることもありますから（笑）。万が一、日本にプロ野球を弾圧する政権ができたとしたらたいへんなことになると思います。プロ野球を弾圧できる政治権力はまずないと思いますよ（笑）。

歴史の中には、政治的権力や政治制度の転換とは別のリズムが間違いなく存在します。先ほど言いましたように「古代・中世・近世・近代」の区分では把握できないリズムを認めるということは、活き活きした野性に積極的な意味を認めるか否かにつながることだったのです。歴史学の学界では、少なくとも今はそんな力に積極的な役割を認める人は誰もいないでしょう。そういう意味でも私は異端にならざるを得ないのです（笑）。

民俗学も逆に活き活きした野性を押さえ込む文明の歴史に寄り掛かっているところがあるのではないでしょうか？

宮田　そうです。それをしないと市民権が得られないわけです。

網野　ですから、私はむしろ民俗学者に開き直っていただきたい気がする。

たとえば、宴会のような民俗現象を取り上げてみると、神との共食のような性格を持ち、それ自体がアジールだった時期から、普通の宴席に変わっていく経過がありますね。ですから宴会という民俗ひとつを取り上げても、それ自体に歴史があり、独自なリズムがあるわけです。こうした個々の民俗現象については、民俗学は歴史学の「古代・中世・近世」といった時代区分に一切関わりなく独自にその歴史を追究できる学問だと思います。

民俗学の側がどう考えられるのかはわかりませんが、これも歴史といってよいのではないでしょうか。つまり野性的な力が文明に封じ込められていく変化の過程が、特定の民俗に即してたどれるわけで、そうした民俗現象の変化の歴史を、民俗学の側で是非ともやっていただきたいのです。

歴史学の側の私などが、「南北朝期を境に飛礫の性格は変わるのだ」と言っても、飛礫だけが変わっても歴史全体に即してはどうしようもないわけですよ（笑）。他にもさまざまなリズムや変化の仕方があるような気がするので、そのへんを民俗学の方からもっと明確にしていただきたいと思います。

民具学と民俗学の場合でも同じだと思うのですが、共同のテーブルについてお互いに持っているものを出し合い相互の独自性を認めあうことが重要です。その一方で、民俗学自身が民俗事象についての独自の時代区分を提出する必要があると思います。矛盾しているかもしれませんが、それをまったく考えない民俗学であるならば、ちょっと言いすぎですが――歴史の補助学となってもいたしかたない（笑）。

折口さんの場合は、物事の本質をズバリとらえられる。たとえば蓑笠が、ある時期から賤民の記号に変わるということをはっきりと言っておられますね。そういう民俗・民具の変化、その歴史をすでに民俗学の側でもやっていらっしゃるわけです。

宮田　そうですね。ただそれは時代を構成する要素の変化のほんの一部でしかない。

網野　すぐに時代全体についていえるかどうかは別ですが、そうした視点から突破口が見えてくるのではないでしょうか。

〝メンタリティの変化〟と〝時代の変化〟に注目

宮田　変化を問題にしますと、たとえば生活用具だったら様式の歴史的な変化が一方にある。それは古代や中世を超えた変化です。民俗学ではそういった風俗史的あるいは生活史的な観点からの変化を問題にしているわけです。問題はメンタリティの面、つまり精神史そのものの変化が、生産関係や社会経済構造の根っこをひっくり返すような力で動いているというような表現を、「古代・中世……」ではない形でいえるかどうかですよね。

網野　私にはいえると思いますね。たとえば「読み書きそろばん」という問題がありまず。庶民のごく一部しか読み書きをできない社会と、相当部分ができる社会とで、時代をはっきりと分けることができるでしょう。こうした変化は、ある時点ではっきりとした質的転換になるわけです。江戸社会は読み書きそろばんが庶民レベルにまで非常に広く広がっていた時代でした。その源流をたどると、室町時代まで遡れると思います。庶民の教科書的な読み物だった「往来物(おうらいもの)」が室町以降にたくさん出始めますし、寺子屋の源流もそのころまでたどれます。

ここが大事な点ですが、庶民が読み書きそろばんを知った状況の中で形成された社会のあり方と、それ以前の社会のあり方には大きな違いがあるはずです。

宮田　そうそう。

網野　メンタリティにも変化が現れないはずがないですね。これまでの社会構成史——古代社会史・中世社会史……のような見方は、基本的には生産力の量的な発展で時代の変化をとらえてきたわけで、読み書きそろばんのようなメンタルな要素の変化を取り入れた社会史の研究はまだないと思います。庶民にとって読み書きそろばんができるかどうかは重大な問題ですね。当然それはそれで時代の変化をとらえるための重要なメルクマールになると思います。

民俗学の側でも、文字が読めるようになった庶民を対象にするのと、読めない庶民を対象にするのとでは、研究方法や対象とする資料が大きく違ってくるはずです。

宮田　そのとおりですね。結局日本の民俗学は、文字を読めない庶民の方に重点を置こうとする傾向が非常に強かった。日本の識字率には確かに大きな変化があって、明治の中ごろからほとんどの庶民が文字を読めるようになった。

現在、民俗資料を獲得するためのインフォーマントは最高齢では明治四十年代生まれの方々がいますが、柳田の時代にはまだ明治初年生まれや天保年間ぐらいに生まれた人々がいて、彼らの生活体験がそのまま資料になった。各地へ旅をすれば、文字を知らない人たちの体験を採集することができたわけです。

今は明治末の老人の話を、インフォーマントにバカにされながら聞くわけです。「そんなことを聞いてなんになるの？」って、話者は言うわけです。「今はこうなってるのに」って、おじいさんたちは現在の話ばかりしたがる。にもかかわらず今の民俗学者は、古老に「若い頃の話」を聞かせてくださいと頼み込みながら、悪戦苦闘しているわけです。しかも、昭和四十年代以降の生まれの学生たちは、その格差に混乱状態を生じながら調査しているのが現状です。

現在の日本人は、文字を知るインテリばかりなんです。そういう前提に立たないと民俗調査ができない。つまり民俗学の草創期、日本の近代の出発点はこうだったと主張できるような本当のインフォーマントに支えられた民俗学自体がないわけです。生活環境が変化してもそれに追いついていけない。しかもそうした状況がわれわれのまわりにまとわりついている。ですから都市を研究の対象にすることは当然のことなのです。

網野　私も当然そこへ行くだろうと思いますね。都市民俗学が考えられ始めているということを、私の関心に引きつけていえば、非農業民の問題になりますね。都市にも文字の読めない人がいるでしょうが、文字が読める庶民の世界の民俗を問題にしなくては、民俗学そのものに発展がないのではないでしょうか。

宮田　それもありますが、われわれが都市で日常生活を送っているということ自体に重要な点がある。そうすれば、現代社会の中の民俗というものが当然存在するのだという自明の理に立つことができる。

民俗というものは、過去に農業民だけが持っていたという短絡的な発想はなくなるわけで、山の民や海の民といった非農業民もいたわけだし、大都会に住む職業民もいる。そう考えないと表面的な生活用具やよく知られたお祭りのような派手に表面に出ている文化現象のみを追いかけることで終わってしまう恐れがある。
しかし、民俗学自身は宿命的にずーっと、柳田の言っていた「心意」、折口の「直観力を秘めていた神の問題」、といった地点にしか依って立つ基盤がないわけです。その部分だけはなんとか確保したいという強固な保守性がある。民俗学の方向としては、それで精一杯なのが現状なのです（笑）。

歴史を構成する大きな時代の枠組を打ち出すということになると、むずかしい。民俗学の論文を歴史家たちが評価するために、「中世的な民俗」や「近世的な民俗」という位置づけをしないとダメなわけです。そのことによってはじめて歴史家たちは、「歓迎すべき民俗学」と言うわけですよ（笑）。

網野　それは困ったことです。

宮田　コツコツとお地蔵さんを調べたり、庚申講（こうしんこう）を調べたりしても、資料報告で完結してしまう。そして時には、「近世にこれをやっていたという民俗学の資料がある」という一行で説明されてしまうわけです。勝俣さんのように、一揆のときの農民の服装を研究の中に位置づけるような視点は本当に少ない。

網野さんはそういうかたちではなくて、さらに民俗の方へ立てと強く主張されるわけですね（笑）。

網野　それはちょっと陰険ないい方だなあ（笑）。

宮田　同時にそれを裏返してみれば、日本の歴史学界がいかにそういったことに関心を持たないできたかということです。

網野　最近はだいぶ関心を持つようになってきたと思いますよ。

「常民研」の課題と資料学の自立

宮田　歴史学だ民俗学だと無理に分けなくてもいいのではないか、という論文も若い世代から次々と出される状況になった。

もし民俗資料の扱い方を技術的に問題にするならば、柳田の分類だけに依存しないで、自分なりに民俗資料を整理分類することでもいいと思います。

網野　そうだと思いますね。われわれから見て民俗学の方々の文献の扱い方は、やはり恣意的だなと思う点は率直にいって時々あるわけです。柳田だってそうですね。しかし逆に、だからこそ私たち歴史家は最後まで民俗学については、せいぜいかじっている程度でしかないと思うんです。だって聞き取りなどしたことがないのですから。

民俗資料の扱い方や分類の仕方には、無形・有形それぞれの資料の性格に即した分類の仕方や整理法が当然あるのだと思います。

歴史史料である古文書の世界では、中世までは非常にきちんとした学問的な体系ができていますが、江戸時代の古文書についてはまだきちんとした古文書学の体系化ができていません。それだけではなく、日記についての史料に即した学問研究はまだまだ今後の課題だと思います。

しかし、面白い問題がいろいろありますね。たとえば中世史家の佐藤進一さんが書かれていますが、日記の下書きと、正式の日記帳に書いた日記、そしてその本人の伝記の三つを比べてみると、下書きがもっともリアルなようですね。ですから日記の史料としての特質については、まだまだ研究する問題がたくさんあり、「日記学」を確立する必要があります。

系図もそうです。歴史家はこれまで系図を軽視してきたと思います。確かに系図の多くは江戸時代に作られたものが多いですからね。しかし、系図も歴史の史料としては、極めて重要だし、民俗学の力を借りなければならない面も大いにあると思います。

文献史料としての系図の扱い方にもいろいろな問題があります。たとえば岐阜城の陥落が永禄十年か七年かは、地元の岐阜県では大問題のようですね。古文書から見たら永禄十年が正しいのです。史実はそうなっています。ところがこれに対して、非常に強い「永禄七年説」支持があるのですが、その論拠は系図だそうです（笑）。

そうなると、永禄七年としている系図がどういう経緯で成立したかを明らかにしないかぎり水掛け論になってしまいます。しかし残念ながら系図の研究は、日本の学界では非常に遅れています。だいたい系図学の専門家はほとんどいないんですよ。ところが今ぐらい系図に対する一般の関心の高い時代はないのではないでしょうか。日本社会が高齢化したせいだと思いますが、定年になるとみなさん先祖調べを始められるようで、私のところにも最近、先祖探しの話が四つか五つ舞い込んでいるんです（笑）。しかしこうした動きは決して無視できないので、非常に大事な動きなのですが、現在の歴史学はそれにまったく対応できないのです。それくらい系図学は遅れています。

つまりそれぞれの史料にそくした学問的な研究がやられていないのです。しかし、史料が現にある以上はそれにそくして、それを生かし切る方法があるはずですね。文献史学をやっているわれわれは、やはり文字で書かれたものからどれだけきちんと史実をさがし出すかに責任があるわけですし、またその史料としての限界を認識するという仕事をしっかりやらなくてはなりません。これは大学の史学科で学んだものの義務でしょうね。

同じような意味で、民俗学の方も民俗・民具資料にそくした資料学が体系化されているかというと、これもまだまだだと思います。しかしこれは文献史家にはできないので、民俗学、民具学の仕事ですね。ですから私は最近、資料学という研究分野を自立させる必要があると考えているんです。これも神奈川大学の日本常民文化研究所の問題と結びついてきます。つまり資料そのものにそくしたその生かし方、つまり資料批判の学問的な方法を考える学問が、文献史学、民俗学、考古学などのそれぞれの学問分野でやられる必要がある。これをきちんとやるようになれば、おのずから歴史学、民俗学、あるいは民具学が活性化してくるはずですし、相互の協力も本当の意味で可能になると思いますね。

民具の整理の仕方にしても、まだまだ体系化されるには時間がかかるでしょうが、資料学という大きな土俵の中で、それぞれが協力できるようになると思います。総合資料学研究科という大学院を名古屋大学に在職中に計画したことがあるのですが、そうした研究科ができるとよいのですがね。

宮田　いまようやく、歴史学と民俗学が対等にものを言える時代になったわけですね（笑）。

〈衣装〉の再発見（一九八三年）

蓑笠、柿帷、古俵

網野　『is』（ポーラ文化研究所）の総特集「色」に書きました「蓑笠と柿帷（かきかたびら）」でさし当たり考えていることはほとんどみな書いてしまったので、「衣装」というテーマに即して改めて付け加えることはあまりないんですが、今年（一九八三年）の正月五日の読売新聞の夕刊に、坪井洋文さんがおもしろい記事を書いていらっしゃいました。亥年にちなんででしょうが、早川孝太郎の絵に折口信夫（しのぶ）の賛がしてある「猪登山図」――猪が旅姿をして、山に入ろうとする姿を描いたおもしろい絵を取り上げて、蓑笠をつけて杖を突いたこの猪の姿は山人の姿だということと、棕櫚（しゅろ）などで編んだ茶または渋色の蓑は猪の毛皮そのものなのだということを書いておられましたね。これはたいへん示唆に富む指摘だと思います。

蓑笠や柿色が中世の社会の中で特異な意味を持っていることを先ほどの「色」の特集のときに考えたんですが、蓑笠や柿色の帷子を着た者は「異類異形」といわれているわけです。『日葡辞書』は、「異類異形」を「動物のさまざまな種類、あるいは別の品種」と解説していますが、もし蓑笠、柿帷の遠い起源が猪そのものにあるということになると、これはたいへんおもしろいですね。

宮田　坪井さんの記事は、早川孝太郎自身が獣の民間伝承を研究していたので、蓑笠をつけた猪が、蓑笠をつけて旅に出ていく漂泊民の姿であり、さらに自分を重ね合わせたところに面白味がありますね。

ところで「隠れ蓑笠」という民話があります。蓑笠をつけるとからだが隠れてしまう、それは天狗の持ち物だ、天狗が持っている隠れ蓑笠を欲しがる農民たちがいて、天狗と問答をしながら隠れ蓑笠を自分のものにした、やがて農民は出世して都で一躍名を上げるというモチーフの昔話です。蓑笠は、勝俣鎮夫さんや網野さんが一揆における民衆の一つの衣装だというかたちで取り上げられて、従来にない見方から一つの歴史像をつくり上げる重要な要素になってきました。

僕らは蓑笠というと、「山田の中の一本足の案山子、天気のよいのに蓑笠つけて」という小学唱歌を思い浮かべるんですが、柳田国男や折口信夫も言っているように、案山子は田の神を具象化した姿ですね。一本足の案山子というかたちになっているけれども、本当はカガシ（嗅し）という強いにおいを発散させるものを焼いて、稲作の順調な成長を妨げる害虫や鳥を追い払う装置です。それが蓑笠をつけて立つ一本足の案山子になり、平地の田んぼではなくて山の田んぼにあるというのは、やはり山を志向しているかたちだと思います。

いわゆる稲作農耕民の衣装ではなくて、山人（さんじん）ないし山住まいをしている畑作民たちのイメージ、あるいはシンボルとして蓑笠が普及しますが、それをふつうの農民たちが受け止めて、とりわけ近世の民衆が一揆を起こすときに蓑笠をつけるというのは、彼らの生活感覚の上からいうと、どういう意味を持っているんでしょうか。

民俗学でいう漂泊民ないし山人、あるいは山田の中の一本足というように歌われるような山間に住む畑作民の衣装を平地の水田稲作農耕民が着用していく時期は、中世から近世にかけての時期だと思われますが、近世の農民たちが蓑笠を使うときは、隠れ蓑笠で代表されるように、むしろ呪術的な衣装という感じがします。

蓑笠を使う場合は二通りあって、一つは田植えのときの雨具ですね。もう一つは、一揆のときで、天気が良くても蓑をまとった。稲作農耕民が一方ではハレの儀式である田植えのとき、片一方は同じハレであっても日常的なものをいっさい否定するような一揆のときという使い方をするのがたいへん興味深いんです。民俗学的に考えると、蓑笠を普通の稲作民が使うのは、実用的な雨具ということの深奥に、宗教的、あるいは霊的なものを感じせしめるようなものがあるからだと思います。

しかも、その衣装を着ている者は、中世の段階で異類といわれたのと同じような意味で古代のまれびとのような神の姿を代表しているということなんですけど、民俗学的な解釈で考えられる神人の衣装をつける。それと中世の段階で社会から疎外されていた人々が着る衣装とが一致するという点は、歴史学と民俗学の接点を考える場合の面白い問題として出されているんじゃないかと思うのです。

網野　その点をもうひとつ突っ込めるといいんですけどね。いま「山のイメージ」という話がありましたが、現実に中世社会の中でとくに南北朝の内乱期に非常に活発な動きをする悪党は、山を越えてやってくるわけです。ですから「山立」とか「山落」「山賊」と重なりますが、兼ねて賄賂を取ることを「山ごし」というとも『峰相記』に出てくるんです。その悪党が、笠と柿帷を着ているので、こういう姿の現し方が百姓にとって、「異類異形ナルアリサマ人倫ニ異ナリ」ととらえられたのだと思いますね。山伏も柿色の衣であるわけです。ですから、蓑笠と柿色が山人のイメージにつながるのは、歴史的にも間違いないといえますし、それが猪に起源があるとしたら、いよいよ問題が大きくなると思います。

こういう衣装の問題は勝俣鎮夫さんが岩波新書の『一揆』の中でいろんな事例を挙げて論じておられますし、黒田日出男さん（日本史学者、専門は中世史）も、『一遍上人絵伝』

に出てくる柿色の僧衣や白覆面などにふれていますので、付け加えることはあまりありませんが、ただ、私が非常に大事だと思っているのは、黒田さんも指摘しているような、こういう衣装と被差別民との関連です。説教節の「しんとく丸」などを見ると、非人は古蓑、古笠をつけて、杖を突き、金桶、御器(ごき)などを持っているんですね。江戸時代になると、古俵を背負っている場合もあります。いずれにしても、こうした非人特有の衣装は室町期以後には固定してきたと考えていいんじゃないかと思うんです。

それから、美作(みまさか)の「非人騒動」といわれた百姓一揆のとき、蓑笠をつけた百姓が、俵を背負ってその中に牛の小綱を一筋ずつ入れて、集まっているんです。この「牛の綱」というのはもしかしたら勧進と関係があるんじゃないかと思うんですよ。江戸時代には乞食のことを「勧進」ともいうわけですが、もともとは勧進聖(かんじんひじり)といわれて寺社の造営などのための寄付を集める上人だったわけですね。そういう人たちが銭をもらうときに、銭差(ぜにさし)に使う縄を持って歩いたことがあったようです。先ほどの御器や金桶も恐らく同じ意味があるので、江戸時代には非人・乞食の衣装になっていますが、こういう姿は本来、遍歴民あるいは遍歴する勧進聖、聖なる人の姿だったのではないでしょうか。

また俵の意味に関連してですが、「袋を背負う人」という姿と俵とが、何か関わりがあるのでしょうか。

宮田　俵と同じ性格の袋にはいろいろなイメージがあります。たとえば民話の中に姥皮(うばつかわ)

というのがあるんです。姥皮は変身する道具で、一種の袋なんですが、老婆がその袋を被ると若い美人に変わる。それから、若い女性が被ると老婆に変わる。民話の中では二人の姉妹が宝物を獲得するためにいろんな試練を受けるときに、いいほうの若い娘が姥皮を被って危険を突破するという話になるんですが、そのときに姥皮は、すっぽり被る袋なんです。それを被ると変身してごまかしてしまうというマジカルな力を袋が持っているわけですね。

また大きな布袋は俵と同様に、その中に尽きない財宝が入っているということで、富の象徴です。大きな袋を肩にかついだ聖がのちに福の神に祀（まつ）られました。

柿渋色と木蔭色

網野　話をもとに戻しますが、俵の意味もそうですが、柿色という色がどうして出てくるのかもわからない。柿色の事例はまだいろいろ出てくるんですよ。石田拓也氏が「妹尾太郎兼康譚の系譜」（『軍記と語り物』三号）の中で『平家物語』巻八に平家方の武士の瀬尾兼康が備前で城を攻めたとき、しかるべき武者とはいえない「老者」たちが「柿色の直垂（ひたたれ）につめひもし」て戦ったとあることにふれておられますが、これも満足な武具でないことを示しているだけでなく、思い切った行動に出るときの服装であったと考えてよいと思います。

もうひとつは、名古屋の江戸時代の風俗をいろいろ書いた『鸚鵡籠中記』という面白い記録がありますが、それによると元禄のころ、名古屋の町の統制をやっている市中見廻りの簡略廻りという奉行の足軽たちが柿色の羽織を着て町を回って、禁制の着物を着た者をその場でつかまえています。だからこの見廻りは「柿羽織」といわれているのですが、この連中は鼻捻という棒を腰に差していたそうです。鼻捻は荒馬を制御する道具なのですが、江戸の非人頭松右衛門が持っていたともいわれていますので（『日本国語大辞典』）、刑吏に関係があるとも思われますし、「穢多非人」が柿色の襟をしていたこともあるようです。

これは名古屋の水谷（現在、鳥居）桂子さんや稲葉伸道氏に教えてもらったのですが、柿色は前に書きましたように、歌舞伎にもつながると思いますし、宮田さんに教えていただいたように、遊廓とも関係してくる。いったいどうして柿色という色がこういう意味を持つのか、今までの民俗学の中でどう考えられてきたのか教えていただけると、たいへん有益だと思いますが。

宮田　染色技術の上で、柿色はどういう色なのか。要するに、渋紙色ということなんですね。

網野　それが柿の実の色なのか、渋紙色なのかちょっとわからないところがあるんです。

宮田　あれは赤茶けた色で、色全体の構図からいうと、赤の系統でしょう。

網野　全体としては赤の系統でしょうね。しかし真っ赤な赤色というのは、明らかに別の意味があって、中世では非人集団、あるいは刑吏の集団の先頭に立つ人が真っ赤な狩衣を着ているという事実があるんです。犬神人の場合もそうだし、検非違使の看督長も赤い着物を着ています。それから、強訴をやるときに神人の先頭に立つ人も赤い着物を身につけ、白い杖を突くのだそうです。

最近『近世風俗図譜』（小学館版）の「年中行事」の絵を見ていたら、「月次祭礼図」の印地打ちの絵に、赤い狩衣をつけた検非違使らしい人と柿の実色の衣をつけて笠を被り覆面して印地に加わろうとしている人が出てきました。印地打ちもそうなのですが、恐らく穢れを祓う強烈な機能を赤色が持っていたんだと思いますね。

ところがこの祭礼図でも柿色は赤とは区別された柿の実の色なんですが、一方では黒系統が入る柿渋色も柿色といわれたようにも思える。『一遍聖絵』などを見ると、非人らしき人の着ている着物の中に、どうも両方あるようです。

宮田　つまり、赤でもなく、黄色でもなく、さりとて黒でもないという非常にあいまいな色なんですね。色の分類からいうと、原色には属さない色です。柳田国男が木蘭色という言い方をして、日本人のケの色は木蘭色、それは黄色でもなく、緑でもなく、ややカーキ色に似た色の雰囲気の中では非常に精神的に安定する、それが稲作農耕民の色の基調だということを示唆していますね。

つまり、白とか青とか黒とか赤はハレの衣装だから、めったに使えない、だけど、ぼやけた色は興奮しないから、日常的に使う色だという分類の仕方をしますが、そうすると木蔭色のような野良着とか日常の仕事に使われている色が一方にあるわけです。そういう色を脱ぎ捨てて、お祭りのときは白を使うということになりますが、この場合の非日常の意味が民俗学的にいっても、もうひとつはっきりしないんです。

一方に、お祭りとか冠婚葬祭のような晴々しい儀式のときに着る晴着がありますが、そのときは鮮明な色を使います。ところが、褻着、つまり日常の着物のときは、そういうものは絶対に使いません。さっき言った渋色はどっちの世界に属する衣装なのかということなんですが、網野さんの理論からいうと、一揆とか被差別のような日常的でない存在を示すときに使う色ですから、農民の世界観からいえば晴着の世界に属するものですね。

しかし、それは鮮明な色ではない。また、木蔭色のような安定した色でもない。ちょうどそのハレとケの中間の色になりますが、そういう色を色の世界とか衣装の世界で着用するときに、どういう感覚で使ったのかが問題だと思うんです。

たとえば玉虫色などは、色にならない不可解な色といわれていますが、あれは七色が混合していてどの色ともいえない不思議な色です。基底には、霊魂の虫という玉虫に対する信仰があるんです。玉虫は、家に代々伝わっていくような虫だ、女の嫁入りのときに一緒に付いていくような虫だといわれて、女性に珍重されてきましたが、一方で玉虫色という色そのものの分析は、得体の知れない、明確でない色だといっています。

そういう色は嫌われて、めったに使われないけれども、その色を抹殺することはできません。玉虫色の衣装はめったに使わないけれども、玉虫色は霊魂と関わる色だ、色の分類の中に入れられないようなそういう世界の色なんだということです。

玉虫色というと、性格が不明確だという表現に使われていますが、実は柿色も中間色で、曖昧模糊としたどっちつかずの色だけれども、その色であるがゆえにハレでもないケでもない世界を平地農耕民に思わせる両義的な色彩だと思うんです。その色を衣装に着るというところが、山の民でもない、平地の民でもない、いわば定着できない漂着性の強い人々の衣装に対応してくるという想像が可能ならば、そこに柿色をとらざるを得ない深層心理があるんじゃないでしょうか。

定着民のハレの色

網野　先ほどの坪井さんのように猪の色だったら、たいへん面白いことになりますがね。柿色ではないけれど『一遍聖絵』に面白い格好をした狩人が出てきますね。山を歩くスタイルとしては、「猪登山図」の猪の格好に似ていないこともない。猪の色が柿渋色で、平地民の感覚からすると異様なものだったという坪井説のとおりだとすると、柿色の意味も一応解けそうですが、果たしてそういってよいかどうか。

今は藍色が日常的に使われていますが、江戸時代あたりだったら、民衆のケのときの衣服の色は、どういうのが普通だったんでしょうか。

宮田 要するに、藁と同じような感じの色ですね。江戸時代には藍玉が発達して、紺屋の技術が発達し、紺色の系統がだんだん浸透していますが、カーキ色に似たような木蔭色を使う方が普通だったんです。藍染が発達すれば紺の系統が出てきますけれども、それ以前は草木色ですね。

紅花とか藍のほかにもうひとつあって、草木染の色は簡単に明確な色と判断できないような色ですよね。麻とか藤とか青草を使ったり、泥の中に埋めて泥染にすると、はっきりとした色ではなくて、黄色と緑に近い、ちょうど木の下にいるような感じの色調を与えます。

そういうものを普段に着ている分には、ケの精神構造が維持できますが、それに対して強烈なインパクトを与えるような色がハレの色になって、それは晴着の方に使われるわけです。猪の色は、銀ネズ色というか、ネズミも入っていますね。

網野 黒系統が入っているでしょうね。

宮田 微妙な色ですね。坪井説は、そういう色を着用した山民を想定すると、獣色ですが、平地農耕民は草木色を使うので、同じように曖昧な色です。猪の色は茶色っぽく描きますが、豚のように汚ならしくは見えないんです（笑）。

　早川孝太郎の描いた絵は猪の姿でしょう。猪が蓑笠をつけて山を仰いでいる。それは早川孝太郎が旅立つ姿と同じだというのが、坪井さんの読みなんですよ。猪は漂泊民を象徴するんだということですが、ちょうど亥年だからピッタリ合っていますね。

網野　まったくうまいと思います。獣の色には鹿の色などもありますが、そういうものと何か関わりはないんでしょうか。獣の皮を着るなんていうのはね。

宮田　獣の皮を着るという考えは、狩猟民にあったと思います。

　狩猟民とか山人は、狩猟に従事している限り、血を恐れないでしょう。だから、赤い色、血の色を日常化できる意識はあるわけです。ところが、平地農耕民は血を極端に恐れるというところから、赤はマジカルなものとしか考えていないんですよね。赤っぽい色を日常的に使うとすれば、それは農民の感覚ではありません。いろんな色が入っているかもしれないけれども、それが柿色ににじみ出て、赤の系統に属する色であるとするならば、やはり山人系の色であろうと想像できると思います。

　七年に一度の諏訪大社のお祭りを見ると、山から御神木を引っ張ってくるんですが、そのときは氏子たちがみんな酔っ払って、すごい状況ですね。もう昔どおりの衣装は着ていませんが、赤旗をひらめかせながら山から下りてくるのを遠くから見ると、それは赤旗の行列で、御神体の御神木を三日がかりで引っ張って行きます。お神酒（みき）を飲んで高揚して、非日常的な状況です。

一揆のときは、白や赤の御幣とか、五色の梵天が使われた。山伏の使った依代を梵天と称していますが、それをかざして、蓑笠をつけた扮装をして出てきますね。日本にも赤旗はありますが、それよりも以前に梵天をたなびかせて一揆が行進したとすれば、相当な威圧感を与えたと思います。梵天の赤や白は確かに農民のケの色ではありませんが、彼らは一揆とか非日常的な状況のときには山民の精神になっていくから、猪突猛進もできるわけです。猪の姿もそれに似ているといえば、坪井説は赤の系統の世界に入りますね。

坪井さんは、畑作農耕民は焼畑で火をたくので、火の色、獣の血の色という赤の系統の民俗だと言っていました。だから、平家は赤旗で、源氏は白旗でしょう（笑）。平家の落人部落は山地ばかりですからね。まあ、それがすべて正しいかどうかは別として、われわれが非日常的だといっている衣装の色を一つひとつ検討してみると、稲作農耕民として水田を営んで定住している人たちの感覚ではない色が使われています。

確かに稲作農耕民は白をより多く使って、赤というどぎつい色はあまり使おうとはしませんでした。だけど、赤がマジカルな力を持った色として導入されてきたことの根底には、赤い火とか、赤米とか、赤飯とか、柿色の系統に入る色とか、あるいは獣に近い色彩を衝撃的に受け止めていた農民たちの感性の裏返しが出てくるということは考えられますね。

非人の衣装と「朝服」

網野　歴史学研究会は、去年（一九八二年）の大会で衣装のことを取り上げました。歴研としてはずいぶんと思い切ったことをしたと思いますが、黒田日出男さんがやはり柿色の帷子にふれておられます。全体は民衆の皮膚感覚という面白いテーマで、「毛穴」のことを取り上げているんですが、その中で癩（らい）の病になった人が柿色の衣を着ているという指摘と関連して、『石山寺縁起絵巻』の奇跡譚、柿色の衣を脱ぎ放ったとたんに娘の病が治ったという話を紹介しておられました（「中世民衆の皮膚感覚と恐怖」、『民衆の生活・文化と変革主体』青木書店）。

ここで獣の皮と猪の色、猪の色と穢れの問題がつながってくるのでしょうかね。もしそうならかなり重要なことになるような気がするんです。平安時代にも有名な「皮聖」もいるわけですからね。ただ、柿色の着物を着た者、獣の皮を着た者がすべて穢れているという意識は、少なくとも中世の前期にはないと思います。皮聖もそうですし、柿帷は山伏も悪党も着ているわけで、非人の衣装に固定しているわけではない。それがそういう方向にだんだん固定していくところに、時代の変化を私は考えたいんです。

また同じ大会での武田佐知子さんの報告で面白いなと思ったのは、朝服、つまり朝廷の儀式に出るときの服装のことです。今「庭」のことをちょっと調べているんですが、朝廷というのはもともと「朝庭」で、広い「庭」だったんですね。早川庄八さんが、これに関連して『思想』の一九八三年一月号に「前期難波宮と古代官僚制」という論文を書いておられますが、そういう「庭」に集まるときの特別な服装が「朝服」で、これがハレの服装なんでしょうね。

唐の服ではこれが国家的儀式だけでなく私的な次元に及んでいるのに、日本の朝服は「朝庭」だけで用いられたらしいというんです。早川さんの説とかみ合わせてみると、これは面白い問題になるのではないでしょうか。歴史家の中にもなかなか面白い試みが最近出てきていると思いますね。

このごろ中世の百姓の家が差し押さえられたときなどに作られる財産目録（追捕注文など）を探しているんですが、それを見ると小袖は鎌倉・南北朝のころまでは財産として家具や農具・什器と一緒に目録に書き上げられていますので、すぐに日常の衣類とはいえないようです。布小袖、小小袖、絹小袖などが出てくるのですが、どんなものなのか、まだ私にはよくわかりません。ただ、室町・戦国期になると小袖のほかに、「袴の肩衣」「四幅袴肩衣」などのようなものが出てきます。

こういう史料が文献の方では手がかりになるのですが、それも差し押さえの対象となるわけですから、すぐに日常的な衣装とはいいにくいので、やはり日常の衣類は麻で、ハレの衣装だったんでしょうね。柳田さんの『木綿以前の事』など、民俗学ではこういう問題が追究されていますが、どうも中世あたりになると歴史の方ではなかなか細かくはわからないんですね。

宮田　麻の繊維のゴワゴワした感じのものを肌着に使っていたのが、木綿が発達すると、しなやかな感覚のものを着用するようになった。片意地を張って歩いていたゴワゴワした感じの女性がなよなよした日本女性の古典的な姿になってきた、木綿の発達とともにそういう日本の女性の良さが生まれたということを、柳田国男は麻から木綿へのプロセスで説明しています。

それと絹がまた別にありますね。絹は繊維としては弱いものですが、一般の民衆は絹を着用するのを禁じられたりして、実際には使えません。

ですから、麻が主で木綿がそれに替わるという流れですが、絹に似せたものを作ろうというのは、やっぱり民衆の知恵だと思います。紬（つむぎ）のようなかたちにして、積極的にそれを晴着の方に着用していくという考え方ですね。

網野　布小袖は麻なのかもしれませんが、絹の小袖もあったでしょうね。黒田日出男さんも同じような関心を持っておられますが、こういう財産目録の中で古い時期のものとして平安時代の末、嘉応二（一一七〇）年の文書があるんです（「一乗院文書」）。平仮名の文書を写してきてその意味は黒田さんに教えてもらったんですが、その中に、機や「かせ」（紡いだ糸をかけて巻く道具）、「つみ」（紡錘）も出てきます。平安時代はこうした麻の糸や織物、それを作る道具が、荘園の住人といわれる人の財産になっているんですね。

それから市場で小袖が売買されているんですが、これは古着でしょうか。古着の意味も大いに考える必要があると思います。

晴着と被り物

宮田　小袖というのは、われわれが普通考えている下着のことでしょう。江戸時代ぐらいになると晴着になってきますが、その前は下に着ていて、被衣（かつぎ）を被っています。結婚式のときに、お色直しというのがありますね。今はすごいお色直しで、三回も四回もやる人がいるし、男の人までやっていますが、お色直しのイロというのは、綿帽子とか角隠しのようなかたちの前にあった被衣のことで、あれを被ると晴着になるんです。だから、それを取るのがお色直しであり、要するに普通の服装に替わるから、宴会に入ってお酌ができるような格好になるわけです。
最高の盛装は、被衣姿になることですが、それが綿帽子とか角隠しというかたちで、頭からスッポリ被る被衣の姿がだんだん簡略化されていきます。民俗的にああいうかたちが残っているのは、結婚式とお葬式の場合です。お葬式に白い被衣を着て、それ以前は女性は振袖衣装を着ていたわけです。

これも有名なエピソードですが、終戦直後、靖国神社で戦没者の慰霊祭が行われたとき、夫を失った銃後の妻たちが各地からお参りに来たんです。当時の新聞記事に、亡くなった夫を供養するために来たのなら喪服で来るべきなのに、四十代とか五十代の中年の女性がなぜ娘時代の振袖姿で来たのか、と非難した記事があったそうです。それで民俗学の瀬川清子さんが反論した。これが晴着の本来の式服なんだ、娘時代に作ったハレの小袖を着て出るというのがハレに対する感覚であり、黒の喪服を着なくちゃいけないと考えるのは東京の知識人の間違った感覚だ、ということを書いているんです。

武士社会の喪服を東京風という民俗にしており、今は全国どこでも喪服は黒を着なくちゃいけないでしょう。そういう考え方は、ひと昔前まではかえっておかしな発想で、お葬式のときと結婚式のときは同じ晴着を着なければいけない。一生で一大事のハレの儀式だという感覚から着る衣装が重要だということがわかるわけです。

小袖が中世の財産目録に残されているというお話ですが、晴着として使う衣装が財産になっていたんでしょうね。中世もそうなんですが、近世の場合も財産目録を残す層は武家社会止まりでしょう。「大店（おおだな）の町人」といいますが、町人はちょっと違う意識があると思うんです。一般の民衆とちょっと違って、色をファッショナブルなかたちにして派手に着るのが町人です。武士社会というのは案外質素で、中世以来の伝統を引いています。それから、農民はそういう目録を残すかどうかわかりませんけれども……。

網野　目録が作られるのは先ほど言いましたように差し押さえのときが多いんです。動産の譲状などには、武具や下人などを除くとほとんど出ないのが普通ですが、差し押さえのときですから多少は日常と近くなっていると思います。江戸時代でもそうした目録はあり得るでしょうね。

宮田　あります。『浅草寺日記』という浅草寺の日次記（ひなみき）の中によく出てくるんです。財産目録ということだったかどうか、町人たちの持っている古着の一覧表とか、寺院境内の落とし物とか、あるいは行倒れになった人の風呂敷包みの内容が一品ごとに出てくるんですが、そういうときは、庶民がどういうものを財産として持っていたかがわかるんです。

網野　そういう日常のことが文献ではなかなかわかりにくいので、民俗学の方のお力を借りなければならないと思います。

少し話が変わりますが、今のお話に関連して、また非日常の方になるんですが、白の喪服と同じような機能を蓑笠も持っていたようですね。儀式や結婚のときに蓑笠をつける習俗があったということを、昨年（一九八二年）の常民文化研究所主催の民具研究講座で、近藤直也さんが報告しておられました。花嫁が婚家に迎え入れられるときに、蓑笠姿で杖を突いてゆく。

宮田　入家式のときですね。

網野　「〽雨降りお月さん、雲のかげ」という歌に出てくる「唐傘（からかさ）」もそういう意味があるんじゃないかというんですね。箕を頭にかけたり、籠を被せたり傘をさしたりする場合もあるようで、近藤さんは、籠を被せるのが本来のかたちではないかと言っておられたのですが、それはともかく、蓑笠姿をすることによって、今までの世界から離れて、いったん私流にいえば〝無縁〟の人になって、改めて婚家に入るという意味があるんじゃないかと思うんです。旅姿という意味もあるのではないかという意見も出ていましたが、白装束も同じような意味がありそうですね。巡礼などの姿も関係ありますね。

それから、綿帽子と角隠しですが、女性の商人が頭に被り物をしますね。桂女（かつらめ）は鵜飼（うかい）の女性であることは間違いないと思いますが、たぶん戦国ぐらいにできた伝説で、神功皇后が朝鮮に出兵するときに、お産をする。その腹帯を桂女が献上して、それを頭に巻くようになったことから桂女の「桂巻き」が始まったんだという話があるんです。

桂女は、室町時代ごろから、正月とか結婚とかお祝いのときに大名や公卿のところを歩き回るわけです。戦国時代には「勝浦女（かつらめ）」と書いて、「勝つ」という縁起のよい意味を明らかにこめていますが、戦国大名の宴席や戦場に出る前などにも出ていったようで、今の伝説もこうしたことと結び付いているんだと思います。ところが花嫁の綿帽子も角隠しも、お産のとき被る白い綿帽子も、みなこの桂女の被り物に起源があるんだと言っているんですね。

室町時代に、男性が宴席でこういう被り物をつけて桂女の姿をしたという話があって、桂女の姿は一種の特異な目で見られていたと思います。こういう被り物についてはいかがですか、宮本馨太郎さん（民俗学者）がおやりになっていましたが……。鉢巻もあるいはそれと関係するのかもしれませんね。

脱皮新生の白装束

宮田　それと襷ですね。巫女が神懸りするときの状態は、被り物をして、襷をかけて、からだからいろんなものを垂らしている。

網野　巫女の被り物は、どういうものですか。

宮田　やはり葛とか蔦のようなもので、頭に回している。桂女の場合が非常に印象深く残っていて、桂女自身が神功皇后の侍女であるという伝承があります。伝説上、神功皇后が最大の巫女王であったということから、非常に霊的な力が高い巫女集団が桂女というかたちで伝承されているというふうに、特別扱いされていますね。

桂女ほど有名ではありませんが、信濃にノノサマという漂泊する巫女の集団がいた。彼女たちもそれに近い格好をしていますが、白い湯文字を出して踊るので有名だった巫女たちです。ああいう巫女の服装は共通して、頭に白い布を巻き、襷をかけて、湯文字を出しながら、一種のストリップショーに近いかたちで踊りました。それは神懸りをするためのものなんです。これが神社の中で巫女舞になると、きちんとした衣装で踊ってしまうから、本来のマジカルな部分が見えなくなってしまう。

女の人は神懸りする性格が男よりはるかに強いので、女の衣装そのものが男の衣装とは違います。男から見ると、ちょっと違った衣装を身につけているというあり方が、女性本来の霊的な力と結び付いていると考えられるわけです。

だから、襷もそうですし、一般女性が働くときの前掛けや姉さん被りもそうですし、綿帽子も角隠しもいずれにせよ盛装の姿です。それは巫女が神懸りのときに着ていた衣装との関連性がありますね。

前に吉原の遊女の行事を調べましたが、吉原の遊女は八月一日を紋日（もんび）としている。そしてその日一日は真っ白の着物を着る。その衣装で男を迎えますが、そのときなぜ白い着物を着ているかということについての伝説が江戸時代に語られています。さる太夫（たゆう）が瘧（おこり）になって、病にふせっていたところ、得意客が来た。白い寝巻姿がなんとも色っぽかったので、かえって遊女の評判が高くなったという説明を付けていますが、遊女はそのとき忌みごもりをしていたのです。

なぜその日だけ白い衣装に身を包んで、全身真っ白の姿になったのかということですが、瘧というのは一種の病的な震えが起きたりする苦痛な病気です。そういうような雰囲気と女の神懸りが関係するのではないかと思われます。また吉原の遊女は年に何回も衣更えをする。衣更えをするという感覚は、単なる季節の折り目というよりも、女性が脱皮新生していくという発想ではないか。何回も何回も生まれ替わる。そして八月一日には真っ白い着物を着て、生まれ替わってきたことをシンボライズしている。

巫女がイニシエーションの中で霊的な力を高めていくという試練とか習練のプロセスが遊女社会の中に伝わっているところがある。結局、衣更えにしろ江戸の町人たちはそれをファッションと見たから、遊女たちの着る着物がファッションとして流行していきます。

網野　今でもそうですね。

宮田　潜在的な意識のうちに女性は脱皮新生していく。着物を替えるたびに、男にはわからない霊的なものの追加がある。それでまた着替えていくという感じですね。だから、女性は巫女であると思っていれば、彼女たちの衣装もなんとなくマジカルな力を与えるわけです(笑)。

ただ、一揆に女の人は参加しないんでしょう。

網野　さあ、どうでしょうか。一揆に女性が加わっていないとはいえないと思いますよ。

宮田　蓑笠をつけたら、男も女も区別がつきませんね。

「制度」と「象徴」

網野　江戸時代に、男は古俵を担いで非人姿をして訴訟に行き、女性は物乞いをして廻ったという話もありますし……。米騒動だって女性が動いたのがきっかけですからね。先ほどの話をもう少し続けさせていただくと、桂女が鵜飼の女性であることと、巫女でもあったことがどうつながるのか、まだ私にはよくわからないんですが、鎌倉時代の桂女は鮎売りの女商人だったことも事実なんです。とすると、白い被り物と女商人の関係が問題になってくるので、「職人歌合」を見ていると非常に女性の商人が多いわけですが、すべてがそうではないけれども、紺掻(こうかき)、酒作、餅売、魚売など、女商人の場合、たいてい白い被り物をつけていますでしょう。とくに、「ひさぎ女」といわれて頭に物を載せる商人は被り物をしている。商人によって少しかたちは違うようですが、白い布を巻くスタイルが多いんですね。頭に物を乗せるから白い布を頭に巻くんだという解釈もあると思いますが……。こういう女商人は漁村に多いですね。そういう女商人が頭に巻く白い布も、巫女と関係してくるんでしょうか。

宮田　被り物をして売って歩くというのは、先ほどからの文脈でいうと、商い人(あきなびと)の性格が漂泊性を持っていると理解されているということですね。訪れる人なんですから、商いというのは、そういう意味でしょう。おのずと漂泊民の系譜を引くスタイルになっている。本人たちにとっては、それは盛装なんですね。晴着の一種なんでしょう。

網野　恐らくそうだろうと思います。

宮田　民俗学の方からいいますと、被り物はいろいろと集められて分類されていますが、今のような文化論的な観点、あるいはなぜそういうかたちのものを使うかというような観点からは十分に整理されておりません。

網野　白い被り物、白い着物は巫女のものだということですが、イタカ（異高）はふつう乞食坊主のことといわれていますが、一種の巫の系譜を踏むものでしょう。柿色にもまた関係してきますが、一休宗純が『自戒集』の中で兄弟子養叟に対して、非常に侮的・差別的な言葉を並べている。その中で、養叟が癩の病になって柿色の着物を着たとも言うわけですが、とくにイタカであるということを盛んに言って罵倒するんですね。そのイタカは『七十一番職人歌合』を見ると、笠を被って覆面をしているんです。こういう白い布で顔を覆っている人はイタカだけではなく、弦売、まんじゅう売、硫黄箒売、煎じ物売などがいますが、頭を包む――この場合は顔を隠すことにひとつの大きな意味があるだろうと思うのです。

非人はだいたいそういう姿をしていますが、これと巫女や女商人の白い被り物や白装束との関係はどうなるのか。叡山の山僧は強訴をするときにみんな裹頭（かとう）しますね。これも本来は呪術的な意味を持っていたようで、すぐ卑賤視とだけ関係させるわけにはいかないと思いますが、どうなんでしょうか。

宮田　イタカの研究は柳田国男が少しやっただけで、データが不足していた。現実にイタカの系譜を引いた者がとらえられないのです。イタコとの類似性は指摘していますが、具体的にどういう実態を持っていたかは『職人歌合』のような図絵でしか判断されていないわけです。

顔を包んで商売をして歩くのは、正月のときの来訪者の一群の中に見かけますね。厄払いとか、清めの機能を持って廻ってくる隠形の人たちが、まれびとと関わっている。大道芸人をはじめとして、正月の旅芸人に対する畏怖の感情が迎える人たちの間で自然と生まれてくるのではないでしょうか。異形の姿に対してということですから、イタカもその系譜に入るんだと思うんです。

網野　江戸時代には、イタカはあまり出てきませんか。

宮田　見当たりませんね。むしろ芸人がたくさんやって来る中で、変装して踊るような一群がある。明治になると見かけませんが、舞舞太夫とか、大黒、恵比須の系統の人たちの扮装が、やはり顔を隠していたり、逆にケバケバしい服装をしている。ちょうど小正月の来訪神のなまはげと同じような性格を持っているわけです。やはり蓑笠を被る系統と同じ流れに位置づけられると思います。

つまり、彼らに対して定着民はお礼としてお賽銭を差し上げる。それによって幸運をもらうわけですから、訪れてもらわないと困る。ですから、日常的には差別しているけれども、儀礼空間の中では、神人というようなかたちであがめている。そこで両義的な性格が出てくるといわれるんです。

網野　日本の場合、定着民の服装と遍歴民の服装の関係を考えると、定着民の方が日常、遍歴民の方は異形になりますね。ほかの民族の場合でも同じようなことがいえますか。

宮田　芸人ははっきりしています。たとえばジプシーの衣装は独特なものだといわれていますね。ただ、大道芸はどこの国にもあるけれども、道化役のスタイルをとった道化の衣装は日常的には使わないものでしょう。

網野　ただ日本の場合は、遍歴民の世界の方が少数派ですが、むしろそちらの方が多数派の民族もあり得るわけでしょう。その場合、定着民と遍歴民との関係が、衣装の面で逆転するのかどうか。つまり、これまでの話をどこまで普遍化できるかということで、商業民族や遊牧民族の場合、農民、定着民の方が弱者でおとしめられていることがあり得るわけです。そういう世界の中では、衣装の問題がどういうふうになるのか、その辺はいかがですか。

宮田　衣装を身につけるという考え方は、結局変身するということでしょう。化粧も同じことですが、化粧したり変身するのは、それによって非日常的世界に入るということですね。脱皮して生まれ替わるということになるわけです。

通過儀礼などを見ていると、ひとりの人間が生まれたあと、ボロをまとっていたが紐をつけたり、帯をつけたりする。七五三の衣装をつけたあと、次第に大人の衣装になっていきます。そうした流れを追いかけていくと、衣装は脱皮新生して、だんだん成長していくというプロセスと対応していますね。

衣装を着ていくときに晴着の内容が自分たちが日常使わない衣装だということですと、自分たちの世界と対立した状態にある非定着民が着ている衣装に対してあこがれをいだいており、そういう人々の衣装を取り入れて自分たちのものにしていくという動きも生じてくると思うんです。

その構図がどの民族にもあてはまるのかどうかということになると、非定着民を主とした民族では、定着民とは逆のかたちになってくるわけでしょう。そういう観点で本当は論議しなければいけないんでしょうが、民族学の方での研究は、各民族・部族ごとに調査されていますから、民族学博物館の成果から学ぶことはできる。部族社会などの場合と文明民族の場合との比較も当然あると思います。

網野　それからここでは出なかった問題ですが、明治のころの囚人は柿色の衣服をつけさせられたのでしょう。そういうふうにある色の衣装をつけさせる、中世では髪形を変えさせる、たとえば片鬢（かたびん）剃りをする、蓬髪にする、髻（もとどり）を切るというのが罰になることがありますね。それが罪人であることを公示するという問題も、同じことにつながる問題として歴史的、世界的に考えてみる必要があると思います。研究すべきことはこの分野ではずいぶん多いということになるでしょうね。

渋沢敬三の仕事と意義（一九九三年）

渋沢敬三（一八九六〜一九六三）

明治二十九（一八九六）年八月二十五日、東京市生まれ（渋沢栄一の嫡孫）。大正十（一九二一）年に東京帝国大学経済学部を卒業後、横浜正金銀行に入行。昭和十九（一九四四）年には日本銀行総裁に就任する。戦後、大蔵大臣など数々の要職を歴任した。一方、大正十年にアチック・ミューゼアム（のちの財団法人日本常民文化研究所）を主宰し、民俗資料を収集・保存するとともに、多数の成果物を刊行した。民俗資料は国立民族学博物館（昭和五十二年開館）に受け継がれ、日本常民文化研究所は昭和五十七年に神奈川大学に移管された。渋沢は民俗学だけでなく、漁業史の分野でも功績を残し、民俗学者などへの財政的援助も惜しまなかった。昭和三十八年十月二十五日没。『澁澤敬三著作集（全五巻）』（平凡社）がある。

九学会連合の構想

網野　渋沢敬三については、日本常民文化研究所にいた方々はみな、当然ながら非常に尊敬の念を持っておられたと思います。私自身の感想なのですが、渋沢さんの弟子たち、研究所の所員たちは、「自分こそが渋沢敬三を最もよく理解しているのだ」、渋沢の考えていた日本常民文化研究所はこうでなくてはならないということを、それぞれに考えておられたと思うのです。そしておたがいの横の関係があまりよくない場合が多かったんですね。

これについては、これからいろいろな議論にも出てくると思いますが、渋沢敬三自身の問題でもあると同時に、日本常民文化研究所がおかれてきた条件の問題、その学問と学界との関係の問題でもあり、いろいろな問題がからんでくると思うのですが、今までの渋沢敬三像は、彼と接したそれぞれの人々が描いてきた敬三像以上には出ることがなかなかできなかったわけです。

しかし、今度、著作集が出て、渋沢自身の仕事や発言が多くの人の目にふれる機会ができるようになったのは、その意味で画期的なことで、渋沢敬三および日本常民文化研究所を客観化してその実像を明らかにする条件が一応ととのったといえます。編集に携わった一人としては、それが著作集刊行の意図だったので、実際にお読みいただいた宮田さんから率直な感想をお聞かせいただけるとたいへんありがたいと思います。

宮田　僕自身の個人的経験から言いますと、渋沢さんが日本の人文系学問による日本文化の学際研究を目指す九学会連合の中心的な組織者のひとりであり、柳田国男がそこで「海上の道」について講演をし、渋沢さんのスピーチもあったりして、両者が九学会連合でともに具体的な仕事を進めていたということは聞きおよんでいました。

　しかし、実際にわれわれが大学の民俗学関係の講義の中で渋沢さんの仕事について教わるということはなかったですね。つまり、私たちは当時から柳田国男を中心とした民俗学を教え込まれてきたわけです……。また折口（信夫）に対しては、折口学といった存在は別格官幣社扱いでしたね。折口学に接する機会は民俗学概論の中にはほとんどなかった。南方熊楠（みなかたくまぐす）の場合は変人・奇人の存在としての位置づけだけでした。後に、民俗学の四大人といわれるうちで、柳田、折口、南方など三人の扱いにくらべると、渋沢さんには同時代的な存在感があったと思います。柳田が七十歳代後半のときに、渋沢さんは九学会連合の構想の基礎を広げている。さまざまにプロモートする力を持っていたという理解が一般的でした。

「常民という言葉は渋沢君が昭和十七年頃に使った。それで自分は後からそれを利用した」という柳田さんの有名な言葉がありますが、この〈常民〉という新鮮な――当時はですね――言葉、「常民の学問」という言い方が、渋沢さんの構想の中にすでにスタートしていて、柳田はそれを裏付けとして、常民の学といわれるような稲作農耕文化に、日本文化の本質を究めようとする、そういう民俗学を開いてくるわけですね。

渋沢と民具研究

宮田　渋沢さんの民俗文化に対するイメージは、柳田民俗学の後継者たちが展開しているような一元論じゃなくて、多元論なんですね。その違いを早くにわれわれが学ぶ機会を与えられてはいなかった。それから、民具だけを扱っているという印象を日本常民文化研究所は与えられていた。だから、民具を知らない人間は加われないという、逆にそういう枠組があった。芸能は折口、民具は渋沢、思想は柳田、比較文化は南方熊楠というような機能分担があったように思える。

ところで当時、民具というと、なんとなく低く見ちゃうところがあったんですね。大学で民俗学の非常勤講師を頼むときに、民具と芸能の研究者を交互に依頼する。中心は柳田民俗学という構造をとっていますから、民具がよっぽど好きでないかぎりは、若い世代から接近できない世界だという印象をずうっと抱いていた。ただ、今度、著作集を拝見して全然そういうイメージじゃないことがわかったわけです。

編集部　著作集の中で民具に関して渋沢が言及している箇所は意外に少ないんですね。

宮田　そう。なぜ、そういう誤解が後世の世代に生じていたのかというところが、ひとつの疑問だったのですが……。たとえば『アチック・マンスリー』の昭和十年二号（著作集第三巻）に、渋沢が足半(あしなか)研究——これは民具の最高の研究成果です——の方法論を書いているでしょう。ここに民具研究の方法として七項目を挙げているんです。ここでいう〈民具〉の語を〈民俗〉と置き替えたら、すべて通ずるんですね。一つひとつの項目が……。読んだときハッとしました。この論文は、昭和十（一九三五）年八月に書かれている。民具の変化とか分布、発生、それを詳細に論じているんですね。これだけの方法論はいったいどこから生み出されていたのかと、びっくりしました。〈民具〉といわずに、これを〈民俗〉〈民間伝承〉といえば、そのまま正鵠（せいこく）を射た方法論なんです。極めて論理的な人であるという印象は、これを見るとわかるんです。

　ところが、〈民具〉という概念において、常民が使うのが民具であり、常民文化を民具というふうに限定するところに問題があったように思う。これは柳田に対する遠慮だったんでしょうか。柳田も民具は渋沢君の方でという発想になっていて、理論的な交流が余りないように見える。もともと物質文化は、表面的なモノだけに終わらないことは当然ですね。その背後には、儀礼とか、言語とか、精神文化に関わる問題がある。それをセットにとらえている〈常民〉という発想であるならば、これは正に民俗学の大道であるわけです。民具をどうしてマイナーのようなかたちでしか、われわれは教わらなかったのかという疑問がひとつありますね。

　これは、網野さんが積極的に常民社会の漁業史研究に入っていくというアプローチとどこかで関わるでしょう。漁民もまた常民の一部であるわけですから……。

柳田国男と渋沢敬三

網野　同じような問題は歴史学の方にもあるのではないでしょうか。歴史学の中では、なんといっても農村史・農業史が主流だったでしょう。その中で、漁業史は渋沢のところだということを私も大学時代に聞いた覚えがある。いずれにせよ漁業史は特異な分野だと考えられていましたね。ただ、戦後しばらくは漁業史について、歴史学界も関心を持ったことがあったのですけれども、まもなくやはりマイナーな分野ということになってしまいましたね。しかし、これは渋沢さん自身の姿勢と関係があるのではないかという気がしないでもないんですよ。

宮田　それは柳田さんに対する遠慮ですか。

網野　そうですね。有賀喜左衛門(あるがきざえもん)さんが、『一つの日本文化論』の中で渋沢と柳田の関係についていろいろ言っておられますが、渋沢は柳田の横にいて、柳田が手を付けなかったことをやったのだということですね……。そういう姿勢が渋沢さんにはある。これがまた渋沢さんの生き方の非常に貴重な特色でもありますが、これが後に問題を残すことにもなる。

自分は学者ではない、あくまでも学者が仕事を進めるために自分は何かの役に立ちたいのだという主張を持ち続けているわけですね。しかもそれが渋沢の学問自体の特質にですね。一人の姿勢の違いは文書史料に関してよく現れていますね。柳田さんは大事なものだけ選んであとは捨ててしまえばいいという考えですが、渋沢さんは後世の学者の関心は今は決められないからすべてを、という姿勢になってくるわけです。渋沢さんは民具から積極的に民俗学を開いていこうという学問的な野心を、内心は持っていたかもしれないけれども、必ずしも表には出さなかったですね。漁村や漁業の研究の必要を強調して日本の学問に対する批判を随所にのべているし、学者としても立派な仕事をしているけれども、基礎的な仕事を地道に進めていて、体系的な理論を展開してはいないのです。

学界の主流がまったく取り上げていないけれども、非常に大事な意味を持つ民具研究と水産史について、自分は今後の学問の発展のためにできるだけ基礎的な縁の下の力持ちとしての役割を果たしていくのだと……、そういう姿勢で一貫していますね。

宮田　渋沢さんは、網野さんの解説にもあるように、研究の方法と言わないで〈態度〉と言っている。その〈態度〉というのは学問を大切にすること。学問の本質は史料であると。史料は文献も民具も同じものなんですね。ただ、それをきちんとおさえるというコンクリートな作業は実にまどろっこしい。

後の民具学というのは、いかにもモノだけというふうに、細かく実測をして、狂いもなく、考古学と同じようにきちんとやる。そういう細かな技術を問題にする民具学は、博物館学の中では十分な位置づけがあるんだろうけれど、モノが発散するもの、民具からとらえるコスモロジーみたいな問題をもっと展開させてもよかったんじゃないか。ご本人がそのように控えめで最後まで冒険しないできちんとやっていくという姿勢だと、門下生もやっぱり右へ倣えをして逸脱できなくなるでしょう。

ところで渋沢さんのモノに対する鑑識力というのは、たとえば、文書の一枚の紙を見て眼光紙背に徹するというような、それと同じようなものが民具に要求されている。それは厳しい姿勢として出ているわけでしょう。

モノの背後にある世界

網野　たとえばオシラサマに何十枚も被せられている裂（きれ）を見て、「これは正倉院だ」と言っている。そこに渋沢さんが見ているものは、おっしゃるとおり民具を通してのたいへん大きな世界なのだと思います。これを「正倉院だ」と言っているのは、そこにやはり、背景にある底の深い技術の歴史を見ているわけですね。これは渋沢さんが育った環境と本来生物学を志したという素質からそういう感覚が養われたのでしょうかね。渋沢さんの強みは実業界にいて、「実業」を見ながら「虚業」の方に深い理解を持っているところだと思います。ただ、渋沢さんは最後まで「自分は実業の世界の人間だ」と自己を限定していく。

宮田　そこですね。柳田が考えているような認識論ではないとしても、やっぱり最終的には、精神というか、思想というか、そういうものに対する強い執着力があり、究明したいという思いがないと、民具だけで終わってしまうことになる。

著作集第三巻の月報に作家の山崎豊子さんが書いていますが、渋沢さんが『暖簾』を書いた山崎さんを料亭に招待したときに、山崎さんが「自分は経済学のけの字も知らない」と言うと、渋沢さんが「日本の経済史は理論やモノだけで構成してて、結局いちばん必要なのは心の問題だ。それがわからなくちゃ経済史はできない。それを日本の学者はやってない。で、あなたの小説を読ませたい」、そういうことを言っているんですね。それがすべてにあるんじゃないでしょうか。

網野　渋沢さんが「自分は学者じゃない」と言いながら、モノそのものの中にこもっている心の問題をとらえて、柳田・折口の学問に対してモノの大切さを主張している。

しかし非常に謙虚にそれを持ち出していますね。学者としては学問の体系をつくろうとはしていない。それが渋沢さんの生き方だったのでしょうね。だから、たとえば塩の民俗にふれた『塩俗問答集』序を読んでみるとよくわかるけれど、心の世界にものすごく深く立ち入っていますよ。たとえば「塩は神様には祀られない。魚は神様に祀るけど、塩は神様にならない。なぜか」ということを言っている。こんな問題はまだ誰にも解決できていないでしょう。そういうことを言えるだけの力を持っているけれども、それを体系的に発言して誰かに納得させる、学界に承認させようという意欲はもともとないし、それは自分の分ではないと言い続けているわけです。

常民という概念

宮田　渋沢学というふうに言ってないでしょう。それはそれで正しいんじゃないかと思います。こういうかたちで学派をつくってきて、そうして柳田国男に遠慮してなんとなく位置づけを別にしているというところが、やっぱりそれは謙虚でもあるけれども、たとえば後年、柳田の〈常民〉論が、ひっくり返されてくるでしょう。ところが、その常民の構想は渋沢さんがすでにひとつの結論といいますか、言ってるわけですよ。柳田は、それを採用していると言いながら、実質上、農民一本やりになっている。渋沢さんが言っているのは、あらゆる国民の階層に関わる〈常民〉であって、山民（さんみん）、海民、それから都市の職人とか、全部含めているわけですね。

そういう見方をしていながら、柳田民俗学の場合は、農民だけにしぼってしまった。これは柳田自身が日本文化の本質を農村に求め、そこへ凝集していった時期につかわれているから、自然とそうなっちゃったわけです。ところが近年、その呪縛からようやく解き放たれつつあるわけです。昭和十七年に渋沢さんが〈常民〉と名乗ったのが、その本来の姿に戻りつつある状況でしょう。柳田民俗学の常民の呪縛から解き放たれている。

そもそも渋沢さんが唱えていた学問のおおらかさといいますか、そこに戻りつつある……。いま、それを若い世代が展開させる時期なんですね。だからこれは、若者たちが読まなくちゃいけない本なのです。

網野　ほんとにそうです。若い人に読んでほしい本です。渋沢さんの〈常民〉は、いまおっしゃったとおり農民じゃないんですよ。私はいま、こわれたレコードみたいに「百姓は農民じゃない」なんて言い続けていますけれども、これは渋沢さんを意識して言いだしたことではないのですが、渋沢さんの見方に影響されてきたおのずからの結果でしょうね。

渋沢さんがなぜ〈百姓〉という言葉を使わなかったか、なぜ〈庶民〉とか〈平民〉という言葉を使わないで朝鮮の言葉ではないかと思われる〈常民〉と言ったのかは、考えてみると実に周到な用意が渋沢さんの中でなされていたことがわかる……。どこまで渋沢さんがそれを意識していたかどうかは別として、これは確かだろうと思います。横文字ではコモン・ピープルだと言っている。百姓はコモン・ピープルですからね。百姓を農民に限定するという常識から渋沢さんは解き放たれてたことは間違いないと思うんですよ。

宮田　そういう意味で渋沢さんには先見の明がありますね。

網野　『日本広告史小考』なんて、渋沢さん以外誰もまだ書いた人がないのではないかな。こういう発想はこれまでの経済史学や歴史学からは出てこなかったのです。そういう発想自体、驚くべき直観力に支えられている。それだけに、最初に言いましたように、弟子たちはそれぞれに〈渋沢〉〈常民〉の旗印を掲げてね、これこそが渋沢学だとおっしゃるわけです。これは学派をつくろうとしなかった渋沢さんの、逆説的にいえばマイナス面だったのかもしれない。

学派ができれば、横のまとまりができるでしょう。ところが渋沢さんは学派をつくらない。それだけに横のまとまりについては人一倍、渋沢さんは気にしていて、「君たち、友達がいい仕事をしたときに、それを心から喜べる人間になりなさい。同じ研究所員の中で、そのような間柄になってほしい」と言い続けておられたらしいですよ。

宮田　内心、わかっていた……。

網野　よくわかってたのではないかと思いますよ。それが渋沢さんのジレンマだったのではないかと思いますね。自分が学問的に領導してある方向に引っ張っていこうという気は、もともと放棄している、というよりむしろ禁欲している。そういう状況の中で渋沢さん自身は実際にいろいろな面で素晴らしい勘を発揮して発言する。その弟子たちは、それぞれにひきつけられてみなそれなりに渋沢さんを解釈し、それを主張して時には対立する。

渋沢さんは苦しかったと思いますよ。先ほどのような渋沢さんの所員に対する言葉は、その苦しさを表現しているのではないかと私は思います。だから渋沢さんを本当に継承しようとしたら、たいへんな苦しい道を歩まなくてはならないことになりますね。
宮田　それは何かやっぱり、創始者の持つ宿命的な問題でもあるんじゃないでしょうか。柳田民俗学もそうでしたね。

博物館構想

宮田　もうひとつ、渋沢自身はもう少し突っ込んで、たとえば博物館構想を持っているんです。延喜式博物館、野外博物館とか……。一部は国立民族学博物館につながるわけですが、民博だって、渋沢さんの、ああいう文化史的な背景を生かしている博物館とはいえないですね。歴史性は無視されている。
網野　民博は成功した方でしょう。渋沢さんは、自分の集めた蔵書や資料を決して自分で抱え込もうとはしなかったんですね。それを種にしてあとは国や自治体でやれというやり方で一貫してきたのだと思いますよ。民博もそれでできたのではないかと思います。文部省史料館、今の国文学研究資料館も、渋沢さんの蔵書が種になっている。水産庁の水産資料館も同様なんですね。
宮田　いちばんの理想、つくりたいと思っていた延喜式博物館というのは、どうなってたんでしょうかね。

網野　その手はじめとして『延喜式』の水産物の研究を渋沢さんはやっていますが、現実的には完全な夢で終わったのでしょうね。しかし、ほんとに延喜式博物館をつくれれば、渋沢さんは地下で大喜びしてくれると思うけども、これは大事業ですよ。本気でやったら、想像を絶するたいへんなことだと思いますよ。

宮田　でも、もしそれができたら日本文化のさまざまな面がわかるんですね。モノと文献と伝承を通して、多方面から日本文化のトータルな姿がわかってくる……。レプリカも可能なんですからね。

網野　『延喜式』にはモノのつくり方もある程度書いてありますからね。しかも律令にない贄(にえ)の魚とか、いろいろな問題がみな出てきますから……。これを精密にすくい上げて博物館にしたら、日本の社会や国家の構造を浮き彫りにできると思いますよ。

宮田　それから海人の持っている国際的な広がりまで全部入ってくる。

網野　渋沢さんが偉いと思うのは、「『民具問答集』まえがき」でふれていますが、民具を研究しはじめてみたら、これはたいへん奥の深い問題だということを感ずるわけですね。民具資料がたくさん集まってきたけれども、簡単に体系化することはできないことがわかる。そうするとこれは金がかかるかもしれないけど、長い眼でやらなきゃダメだというので、パッと資料集にはしないで問答集にしている。この見識ですね。

つまり、百年を見通して論じなくてはならないということを、このときにはっきり認識するわけですよ。これはやはりたいへんな見識だと思いますけれども……。

宮田　今の話で連鎖的に思い浮かびましたが、パリのギメー・ミュージアムをつくったギメーが幕末の日本に来て、道端に転がっている小さな神仏像を集めた。神仏分離令で廃棄処分になったものですね。それらを集めてフランスへ送った。国へ帰るときに、ギメーが「百年後には、日本人はおそらく深い後悔の念を禁じ得ないだろう」と言った。つまり廃仏毀釈で捨ててしまったものを拾い集めて海外へ持っていくわけだから……。それと同じことなんですね。

民具が持っている通時的な価値、日本的思考というか、そういうものが低く見られていたわけでしょう。庶民の扱ったものにどんな高い価値があるかという点が忘れ去られている。これは民芸にも共通していて柳宗悦もそうですけど、彼はむしろ美術品として観ているでしょう。渋沢さんはそうじゃない。民俗文化としてとらえていた……。

網野　南方熊楠にしても、今でこそブームになっておりますけども、敗戦後、南方さんに最初に眼を付けたのは渋沢さんなんですね。南方ソサエティを作っている。日本文化はいま元気がなくなっていると、朝日新聞の「きのう　きょう」欄（著作集第三巻）に書いていますね。この元気を起こすには、南方先生でなくてはならないって……。あの感覚にはやはり感心しますよ。

宮田　柳田も南方の偉大さがわかっていて、尊敬してましたが、積極的には南方の学問をどうこうするということはしていないんですね。むしろライバル意識の方が強い。自分よりすぐれている発想を持ってるからでしょう。そういう点、虚心坦懐なんだ、渋沢さんの方は。これは素晴らしいものだと思います。南方全集を最初につくったのは渋沢さんでしょう。

網野　渋沢さんは、ライバル意識を持っていない。それは彼が自分は学者ではないという気持ちを徹底して持とうとしているからです。渋沢さんに、学者になろうという意欲がないといったら嘘になると思うけれども、しかし、それを徹底的に禁欲している。自分は柳田さんの欠けたるところを補おうと……。

　南方についても、自分がやらなければという気持ちですね。これはライバル意識を持たないところに自分を置いたがゆえにできたことだと思います。しかし、弟子たちは常にライバル意識に囚(とら)われるんですね。だから「友人がいい仕事をしたら、心から評価し、喜んでやれる人間になれ」と渋沢さんが言い続けたのは、私にはよくわかりますね。

編集部　どうもありがとうございました。

コメと日本人（一九九四年）

主食になったのは農地解放後

宮田　今、コメの問題は、国民的な関心事になっています。ただ、コメといえば即座に日本人のアイデンティティと結びつける議論があまりにも多いように思います。私の姓は「宮田」ですから、語源は神社に直属する田んぼですね。また山田とか田中とか「田」のつく姓が多いことからもわかるように、水田・稲作が極めて普及していたことは間違いありません。

しかし、一方には海民や山民など、稲作にこだわらない人々も数多く存在したわけです。そのあたりは歴史的にもまだ十分に解明されていませんね。今日は日本文化論の一環として、コメを考えてみたいんですが。

網野　コメや水田に対して、日本人の思い入れが非常に強いことは、疑いのない事実だと思います。ただ、どうして、またいつから、そうした思い入れが始まるのかということになると、なかなかむずかしいところがあります。それが果たして、水田を耕す人たち自身の中から出てきたものなのかどうかについても、厳密に考える必要がありそうです。というのは、実際に田地を耕作している人が、主食としてコメを食べられるようになったのは、戦後の農地解放以後だといわれるような現実があるわけですから。

もうひとつ、忘れてはならない視点について申しますと、最近、琉球大学の集中講義ではじめて沖縄へ行きましたが、講義で「日本」という言葉を使うときに非常に緊張しました。つまり、明治政府の琉球併合まで沖縄、琉球は日本ではなかったわけで、うっかりすると「日本」といったとたんに歴史そのものをゆがめてしまうし、沖縄の人の心をきずつけることにもなりかねないからです。それは稲作についてもいえることで、簡単に「日本人とコメ」といいますが、沖縄が稲作社会であったかどうかは、かなり問題があるでしょう。まして北海道のアイヌはまったく違うわけです。

宮田　沖縄の人たちは、本土に住むわれわれのことをヤマトンチュと呼びますね。日本史の教科書はまさに畿内の大和(ヤマト)政権、京都政権が、各地域に力を及ぼす形で記されています。そういう制圧される側からこちらを見ると、自然にヤマトという言葉が出るんでしょうか。

網野　そうでしょうね。しかし、「ぼくは甲州人で、決して大和人じゃない」と言ったんですけれども（笑）。私の郷里は山梨なんですが、水田はそれほど多くないですよ。だから、山梨県は遅れた県だ、山国だから貧しいのだといわれてきたのです。

ところが最近、山梨県史に関わって少し調べてみると、中世、近世の山梨、甲斐は、決して貧しいとはいい切れないいんですよ。たとえば、田地のほとんどない郡内では銭の流通が非常に活発です。独特の甲斐絹のような織物をはじめ、いろいろな産物を背景に盛んに商業をしている。盆地の方でも、川の交通が活発で、商人が非常に多い。いわゆる「甲州商人」ですね。これは水田を開発して増やしていく方向、稲作社会への志向とは違う方向に、甲州人が動いてきたということだと思います。少なくとも、そういう方向で動いている地域が、本州・四国・九州にもあちこちにあるということですね。

宮田　今おっしゃった沖縄と山梨には共通点がありそうですね。たとえばお正月にお餅を食べる習慣がない地域のひとつでしょう。沖縄はブタ肉を儀礼食にしている地域で、正月にお餅は食べません。山梨県内にも餅なしの事例が多いのでしょう。

網野　私の郷里では、正月一日に餅は食べませんね。

宮田　「うどん正月」という言葉があるくらいで、正月はムギから作ったうどんを食べる。お盆には畑からとれたソバ。とくに山梨はその傾向が強いんですが、一般に関東から東北にかけては、正月にお餅を強調したりしません。餅はもともと西日本の稲作地帯から出たものでしょうから。

お餅を食べる現在の日本らしい正月の風景はいつできたかというと、民俗学者の桜田勝徳さんは、城下町からだと言っています。また、やはり民俗学の都丸十九一さんの「正月にお餅なし正月と雑煮」という論文によりますと、江戸中期に高崎の城下町で、「正月にお餅を食べる習慣が、町の武士たちと商家で始まった」という記録があるという。

明治に入ると、武士出身の人々が支配者のレベルに入ってくるから、自然とお餅を重視する習慣が浸透していった。お餅を食べるのは都市の民俗で、全国で当たり前になったのは昭和十年くらいです。つまり、お餅すなわち白米に対して高い評価を置くのは、十八世紀以後の都会から始まって、明治にその地域が広がり、戦後に定着したわけです。しかもみんながコメを食べるようになったのは、配給制度を定めた食管法（食糧管理法）の成立後でしょう。それ以来、山の奥でもおコメを三度食べる習慣になってくる。

稲作地帯は近世の現象

網野　コメが非常に普及していたと主張する方々は、よく、江戸では長屋の住民までコメを食べていた、だから日本人はみなコメを食べていたのだなどといわれるでしょう。実は、あれは都市の現象なんですね。事情はお餅とまったく同じで、江戸や大坂の都市民が三食ともコメを常食していた。

宮田　そうそう。その都市民というのがくせものなんです（笑）。

網野　山梨と同じような例を、もうひとつ申しあげると、ここ十年間、奥能登で調査を続けておりましてね。この地域は中世の匂いが非常につよいところでして、地名にも中世の名の名前がいたるところに残っています。時国とか常利、則貞のような地名は名の名残ですし、歩いてみましても中世の面影をよくとどめた水田があちこちにあるんです。

実は、ついこの間まで、これは能登が遅れているから中世の名残が残っているのだと考えていたんですよ。ところが、よくよく調べてみますと、能登は遅れているどころか、中世以来、たとえば珠洲焼や鉄、鋳物、塩などのように、非農業的な生産が活発で、それを背景とした非常に活発な交易が行われているんですね。江戸時代になってもまったく同様で、商業、海運によるたいへんなお金持ちがたくさんいる地帯なんです。時国家はその典型です。この事実を前提に置いて考えますと、奥能登は遅れているから中世の水田が残っているのではない。むしろ能登人は水田以外の生業に全力を挙げている。しかし、水田は非常に大事な、長い伝統を持ったものとして中世のままに保存して、そこでは「饗のこと」のような神事を今でも続ける、というやり方をしてきたのです。水田を開発する方向には力を入れていないのです。

同様に豊後の国東半島も中世の匂いが実によく残っている。ところが、国東は遅れているわけじゃなくて、瀬戸内海上交通の最要地ですね。そういうところにむしろ古いタイプの水田が残っている。こういう構造は本州・四国・九州のいたるところにあります。

ですから、現在、コメどころといわれる東北、あるいは新潟のような稲作地帯が生まれてくるのは、近世的な現象なんです。とくに近世中期以後のことでしょうね。渋沢敬三が戦後まもなく言い切っていることですが、東北のコメの生産は企業だというのです。流れ者が来て水田を開いたわけではなくて、企業として水田の経営をやっているというわけです。渋沢さんはやはり炯眼(けいがん)をお持ちですね。

このような事例からもわかるように、日本人がコメに思い入れがあるというのはあくまでも一面の事実だということを十分認識したうえで、コメ問題を考えなくてはなりません。一時期の、一地域の事例をもって日本のすべてに及ぼしたり、歴史的にもはるか古くからの事実だと考えてしまうと、現代のコメ問題についても本当の意味の解決の仕方は出てこないのじゃないかと思うのですが。

百姓と農民は違う

宮田　網野さんは、百姓はもともとヒャクセイと読んで、農民とは一致しないものだと強調されていますね。ところが「農は国の基なり」という一種の道徳的な考え方が出てきた時点で、百姓即農民というイデオロギーができあがった。

網野　百姓は、字のとおり百の姓でしかないわけで、一般の人民という意味です。ヒャクセイは漢音で、ヒャクショウは呉音で古い読み方なので、古代からヒャクショウとも読まれていたと思いますよ。「ヒャクセイからヒャクショウへ」として、ヒャクショウは農民だというのは、俗説で、そのようなことはないと思います。農業民にせよ非農業民にせよ、百姓は「天下の百姓」という意識を持っていました。誰にも私的に隷属しない公の民だという意味ですね。

宮田　要するに非農業民というか、コメをつくらない民もたくさんいたわけですね。能登の調査では、水呑(みずのみ)百姓が実は大金持ちだというデータも出されましたね。

網野　ごく最近、能登の時国家文書をみなで読んでいたところ、江戸時代前半、延宝九(一六八一)年に曾々木(そそぎ)の四軒の「頭振(あたまふり)」すなわち「水呑」がすっかり飢えてしまったので救い米をほしいと願い出ている文書が出てきました。それを一見すると、「水呑」はもともと貧しい農民なのだから、飢饉(ききん)のため餓死寸前になったのだと考えてしまうでしょう。ところが、その人たちは農民ではなくて、船を持っている百姓なんですよ。海運の仕事をして、塩をつくって、相当の収入を得ていた百姓で、決して貧しい人たちではないんです。ところが、コメが買えなくなってしまった。もともとコメを買って食べているから、周りの水田地帯でコメが不作になると、コメが流れて来なくなる。そこで飢饉が起こるわけです。

ですから、飢饉はコメをつくっている地帯が不作のために、飢えて餓死者が出たというような、単純なものではないんです。江戸前期には、都市や都市的な場ではコメを買うのがふつうになっている。それが入らなくなると、まずそういうところから飢饉が起こると考えた方が、いいのではないかと思います。先ほど話に出た甲州の郡内で起こった騒動などは、その最もよい例なのではないでしょうか。

宮田　コメというものは、都市的な場に集まる性格があるんですね。

網野　そうなんです。これは鎌倉時代の若狭の例ですが、当時、海上交通が活発だった常神（つねかみ）という小さな浦があります。ここの海民の有力者で刀禰（とね）だった人は百五十石のコメを持っている。ところが同じ若狭の内陸部の太良荘（たらのしょう）の百姓はせいぜい五、六石しか持っていない。これも倉本をやっている百姓なのに少ししか持っていないので、びっくりしたことがあります。コメはむしろ非農業地帯に集中するんですね。

宮田　ところで、能登の水呑が大金持ちなのは、水を飲む、つまり水をコントロールできる人たちだからではないですか。日本ではコメをつくるための水は、山から流れてくるのを止めなくてはならない。いわゆる灌漑（かんがい）ですが、用水を引いて堰をつくるというのは大事業でしょう。水呑はこの技術を持っていた、いわば企業家だったのではないかと思うんですが。

網野　なるほど。たいへん面白いけれど、「水呑」の語源はまだわかっていないんですよ。やはり「間人（もうと）」が防長（ぼうちょう）（山口県）地域で無高（むたか）の人の呼称になっているから、多少、差別的な意味が入っているのではないでしょうか。しかし、もちろん水田をつくるには計算も必要ですし、土木工事の技術がそれなりになくては、水田を維持することはできないのは確かですね。

古代から「コメは貨幣」

宮田　農民たちは日夜、水争いをするわけです。水をいかに奪うかで、血で血を洗う抗争をくりかえす。それくらい、水の配分は重要な問題だった。

網野　これはもう古くからの大問題ですね。そこから厳密な水の配分のルールができてくるわけですから。

それから、神事と水田の関係も、コメと日本の社会を考えるうえで、かなり重要な点だと思います。また能登の例を引きますが、あれだけ非農業的な匂いの強いところでも、「饗(あえ)のこと」の神事は、田の神の祭りなのですね。やはり、コメと結びついているんです。コメは神のもの、まず神に捧げるものという性格を持っているんですね。

だから、コメは貨幣にもなるし金融の資本にもなるという性格を持っている。これはおそらく「律令国家」ができる以前からのことで、古代、中世、近世を通じて、そうした性格をコメはずっと持ち続けていると思うのです。古代国家は初穂のコメを租としてとって、それを種籾(たねもみ)として貸し出して利稲(りとう)をとる出挙(すいこ)という一種の金融を租税制度にとりこんでいますね。正税、出挙による利稲を運用して、交易し、いろんな物品を調達していたわけです。その前提としては、すでに非農業的な生産物が生産されていて、それを貨幣としてのコメによって交易する形が成立していなくてはなりません。これはコメだからできることなんです。たとえばムギだと一粒のムギから二、三粒しかできないようですが、コメは……。

宮田　一万粒くらいできる（笑）。

網野　一万はできるかどうか知りませんが（笑）、とにかく一粒から相当量とれる。つまり、生産の中でおのずから利息を生む形になっているわけです。だから、コメは資本になるんですね。出挙の利息は五割がふつうで、ずいぶん高利のように見えるけれども、そう考えれば、まったく高利ではないのです。

宮田　ムギやアワ、ヒエを指す日本語はひとつしかないけれども、コメはイネともいいますね。コメというのは「かわいいやつ」という意味のニックネームですよ。そういう名前のついた穀物は他にはありません。

網野　古くはヨネともいいますね。「塩手米」は「しほてのよね」といわれています。塩をつくっている海民に、秋にとれたコメを渡すんです。これが「塩手米」ですが、海民は翌年の夏に塩をつくって返却する。こういう交易あるいは出挙の形で塩を年貢としてとっています。

宮田　ヨネは、おそらくよいイネという意味でしょうね。

網野　ああ、なるほど。
宮田　神に捧げる場合にも、苗で捧げるか、刈り取ったイネ藁（わら）で捧げるか、種籾で差し出すか、精白して白いコメにして捧げるのか、いろいろあるでしょう。さっきおっしゃった「饗のこと」に使うのは種籾ですね。種籾をどのように保存して、次の年に引き渡すかという儀礼です。これが収穫祭として日本中の祭りになるわけです。種籾には稲魂がこもる、という信仰に関わっているんだろうと思います。
　これが新嘗祭（にいなめさい）になると、九月に伊勢の神嘗祭（かんなめさい）で集めたイネを約二カ月間、イネ藁のまま保存するのです。十一月には新嘗祭になり、天皇家が自ら料理して試食するという新穀祭となる。約二カ月期間をおくところに、何か神事の意味がともなっているのではないかといわれています。いずれにしても、農民はコメはつくっても租税として出して、自分たちは食べない。そのかわりイネ藁を生活用具として使うわけですね。コメを食べるのはお祭りのときだけでしょう。
網野　藁を使うのは、非常に重要な点ですね。藁製品の民具などを見ますと、単に農民というより、やはり百姓という方が当たっていると思います。つまり藁製品をつくるだけの技術力を持っているんですよ。現在のコメどころといわれる地域は、いわばコメのモノカルチャーになっているところがありますが、古くからの日本の平地村のあり方はもっと複雑で立体的なんです。

たとえば「農桑（のうそう）」という言葉がありますね。農業だけではなく、桑を植えて養蚕をやっていたり、漆や茶などを栽培することもある。あるいは先ほどのような土木工事の技術を持っているとか、いろいろな生業が組みあわさっている。絹や漆は当然交易の対象になりますから、商業にも関わりを持っているわけです。

宮田　農村がコメのモノカルチャーになっていくのは、貫高制が石高制に変わったことと関係があるんでしょうか。つまり、戦国大名あたりまでは貢納を銭の貫高で表示していたのが、コメの石高に変わりますよね。どうして給料はおカネじゃまずかったんでしょう（笑）。

網野　どうしてでしょう（笑）。所領の所出高を銭であらわす貫高制は、けっこう古くて、鎌倉時代から始まっているんです。鎌倉後期の社会は、貨幣経済、信用経済が社会にかなり深く定着していますから。ただ、貫高と石高は、それほど質的な違いはないんですよ。一貫一石という原則で、大名が機械的に貫高を石高に直している例はたくさんあります。それは、コメが貨幣の機能を持っていたという証しでもありますし、だから銭や金銀の手形と同じように米手形も流通しているわけですね。その源流も平安末期の替米（かえまい）まで遡ります。少なくとも、貨幣地代から生産物地代に戻ったという、これまでよくいわれてきた説明はナンセンスです。

宮田　むしろ、金銀が不足したということですか。

網野　金銀より銭が不足したんでしょうね。あの時点では、日本の銀は大量に輸出されていますし、国際的な交易は銀で行われていますからね。それにしても、なぜ石高にしたかについては、やはり、コメの国家的、都市的な特質についての、長年の思い入れがからんでいると思います。

水田は課税の単位

宮田　領主にも相当な財力がなければ巨大な水田は持てないですよね。

網野　ええ。ですから、水田が全国的に広くあるから石高制にしたということではないような気がしますね。むしろコメを貨幣とするような経済になったので、東北の大名は水田を開発したのではないでしょうか。水田をひらいて貨幣としてのコメを運用すれば、一種の企業が成り立つと考えられるようになったので、それに投資をする商人も現れたのではないでしょうか。私は江戸時代の専門家ではないけれども、そう考えた方がずっとわかりやすいですね。

宮田　当時は江戸時代ですから、藩権力でしょう。藩権力はやっぱり支配者の論理です。だから、まずコメを自分の管轄下に治める。そして、給料をコメにすれば武士はやむを得ずコメを食べるしかなくなるでしょう。これがもし貫高でおカネだったら、ソバやうどんを買い込んで、いろんなおいしいものを食べますよ（笑）。

実際、農民の食生活は糧飯（かてめし）でしょう。糧飯は、コメは二割ぐらいで、あとムギとかヒエとかアワとかいろんなものを混ぜて日常食べる。だから農民はコメがすべてということにならないけれども、武士は石高だとコメにすべてを依存せざるを得ない。そのぶん支配者から見れば、統治しやすかったのではないでしょうか。

網野　あまり強調すると誤解を招くかもしれませんが、やはりコメには国家的な性格が最初から付着しているんですね。そうとしか見えない一面がありましてね。文化人類学の専門の方にも聞いてみたいのだけれども、水田を課税の基礎にした国家は、アジアの水田・稲作地帯でも日本だけではないかと思うのですが。

それが制度として強制力をともなって広がっていくわけで、最初の話題に戻れば、山梨のようなところまでこの制度が上から入って来るわけです。田地に絹や鉄を賦課するということが実際に行われているわけですから。こうしたやり方をしていることが、水田に価値を置く考え方の現れだと思います。

宮田　田に鉄を賦課するんですか。

網野　製鉄民は、コメではなく、鉄を年貢に出すわけです。その賦課の仕方が田地一反につき鉄年貢五両という計算になっている。田地でとれるコメを食糧として受けとって、鉄を納めるんですね。コメを渡して塩をとる場合、それを「塩手米」といいますから、「鉄手米」といったかもしれません。鉄だけではなくて、田地一反につき紙何帖、田地一町に絹二疋（ひき）という形も見られます。
　要するに非農業民の百姓の租税の負担の仕方なんですが、中世にはこういう例がいたるところにあります。東日本でコメを出している荘園はほとんどありません。ほとんどが絹と布ですよ。

宮田　なるほど。

網野　これまではコメより絹や布が軽くて運びやすいからだろうと説明されてきたのですが、そうじゃありませんね。荘園ができるころには、海上交通でいくらでも東国から物が運べたはずです。十二世紀末に滅びた平泉に、渥美半島や知多半島の大きな焼物が大量に運ばれているくらいですから。それだけの海運力があったのですから、コメを運ぶ気になったら東国からでも運べますよ。
　源頼朝が平家との戦争のときに、伊豆から船を出して、実際に兵糧米と軍勢を瀬戸内海に派遣していますしね。けれども、年貢として課されているのは絹か布です。養蚕地帯であったり、麻を栽培している地帯では、コメを出すよりその方がはるかに自然だったんでしょう。甲斐も布と絹ですね。だから東国では絹と布が貨幣の機能を持っていたのだと思います。

宮田　そういえば、木曾などは材木ですね。

網野　いろいろなものが年貢になりました。ただ、賦課の単位は必ず水田なんですよ。

これが不思議なところで……。

小切手の源流は十一世紀に

宮田　その場合、換算のレートも動くんでしょうね。

網野　一反別の賦課率は変わりませんけれど、交易のときの交換比率は動きますね。交換経済はたいへん活発でしたからね。十一世紀ごろになると手形といってもいい文書が動いているんですよ。たとえば朝廷から国守に税として品物を納めるように言ってくると、国守は都の周辺の津や泊にある倉庫を管理している倉庫業者や、借上（かしあげ）といわれる金融業者からコメなどを借りて調達するわけです。そのときに国守は徴税令書や仮の請取を渡します。これを切符、切手というんです。今の小切手はもともと十一世紀のこの文書の名前に語源があるんですね。

国守は用立ててもらったものを中央に出しますが、切符、切手が金融業者の手に残るでしょう。それを手形として商人や金融業者のネットワークが動いて、実力で現地から物品を取り立てているんです。そしてそうした手形の取り立てには少し時代が降ると悪党的な武士や博奕打、犬神人（いぬじにん）なども関わっています。こういうことは現在も行われているようですが、源流は非常に古いんです。

宮田　つまり、農民という枠組ではなくて、非農業民のネットワークが機能していたんですね。

網野　ええ。十三世紀に、銭が流通するようになると、そういうネットワークに保証されて、為替手形も流通します。「替米」というコメの手形も早くからありますよ。そういう場でのコメの機能まで含めて、コメの問題を考える必要があると思うんです。租税の賦課は水田を基礎にしようという意志が、さしあたり国家の方に強くあることは間違いないのですけれども、それに納得して応ずる要素が社会の側にもあるわけですから。日本列島全体がそうだったわけではないでしょうけれど。

自給自足は成り立たない

宮田　今、外米(がいまい)のことが問題になっているでしょう。でも、コメというものはよそからやってくるんだという通念もあるんですよ。柳田国男が『海上の道』で書いていますが、黒潮に乗って神の船がやってくる。「弥勒(みろく)の船」というんですが、弥勒とはコメなんですよ。海の向こうから、コメを満載した「弥勒の船」がやってくるんです。それがどこから来るのかといえば、関東の沿岸から考えれば、モデルはおそらく北前船だと思います。京都には琵琶湖を通って富山あたりのコメが入りますが、江戸のコメは北を回って来たわけでしょう。

網野　東北から入ってくるのでしょうね。

宮田　つまり、日本海沿岸から入ってくるものという発想があったと思うんですよ。コメはその土地でつくってすべてを自給自足するのではなくて、どんどん輸入しなくてはいけないという考え方は、自然にあったと思うんです。海の道に沿ってやってくるものですから。

網野　最近、食糧の自給率が低いことが大きな問題になっていますね。もちろんある程度は自前でなければいけないことは間違いないと思います。しかし、自給自足が理想かといえば、そうは決していい切れないわけです。それは「日本が島国だから、島の中で自給しなければ成り立たない」という発想からくるのだと思いますね。しかし川や海の交通による物の流通を考えると、縄文時代から自給自足など、あり得ないし、古くから交易を前提とした社会なのです。

　実際、日本の社会は、鎌倉の末から室町時代にかけては、コメ経済ではなくなっているんですね。政府は銭ですべてを賄う体制になっている。しかし戦国時代になって大名が「富国強兵」をはじめると、先ほどの「石高」の方向が出てくるんです。近代の日本を見ても、富国強兵で、自前で食糧を自足しなければならないという感覚が強まると、水田とコメが表に出てくるところがありますね。

宮田　自給自足ということは、農村の共同体がそこで完結しなくてはならないわけでしょう。でも、そんな理屈は成り立つはずがありませんよ。

網野　だけど、こういうセンスは学者の中にも根強いですよ。たとえば壱岐で最近、大きなクニの中心的な遺跡が出た。すると、これだけの人口を賄う壱岐には、これくらい水田があったはずだという発想がすぐ出てくる。ところが、壱岐は耶馬台国の時代に、すでに、食糧が足りないから南北に市糴（交易）すると『魏志倭人伝』に書いてある。日本列島は島だし半島も多いのですから、すべての地域がそれと同じだったわけです。

宮田　だけど、なんとなく、農村は自給自足という発想をしてしまうんでしょうね。

網野　今でも高校の教科書には、江戸時代の農村は自給自足を建て前としているとはっきり書いてありますからね。とんでもない間違いがまだ世の中に横行しているわけです。

　最近、新聞の論調などを見ていると、自由化に反対する論理に「自給自足」を持ち出しているように見えますけれど、これでは、コメ問題の本当のポイントからまったくずれているし、日本人にとっても、コメにとっても、非常にまずい結果になるのではないかという印象が強いですね。

宮田　コメという、イネ、コメ、ヨネ……、いろんな呼び方を持つ穀物に対して、日本人は非常に強いアイデンティティを感じているというふうに思い込んじゃっているわけでしょう。

網野　その思い込みは非常に強いと思います。

霊力を発揮する穀物

宮田　では、なぜその思い込みがあるのかとなると、国家が関与しているという……。

網野　非常に重要な要因のひとつですね。この作用を落としたら、コメの問題が理解できないことは間違いない。ただ、それだけかというとそうではないでしょうね。大体コメはうまいし、ぼくは大好きですよ。それに、先ほど言ったようにムギは一粒から二、三粒しかできないらしいけれども、コメは一粒からずいぶんできる。それから労働力の投下にしても季節的に大きな山はあるけれども、極端にいえば、ほっといてもできるなどと言う人もいるぐらいで、年間の労働の体系に、「副業」といわれる別の仕事を入れられる余地が残るという面もあります。

そういう意味で、稲作の持っている農業としての長所、プラスの面は、大いに考えなければいけないと思います。ただ、それを「日本人」に直結させ、アイデンティティの中心などというのは、まったくの思い込みで、いろいろな要素がありますけれど、国家の影響が間違いなく非常にあると思います。けれども、それ以外にむしろ民俗の方で、どうして思い入れが起こるのかという問題を、もう少し解明した方がいいと思うのですが、いかがですか。

宮田　たとえば田植えを農耕儀礼の最大のイベントにしますね。田植えの方法は、日本では非常に発達していますが、苗代から移しかえるという作業をやっている稲作は珍しいでしょう。なぜ、ああやって苗代で丁寧にこしらえているのかというと、雑草などの夾雑物が入りこまないようにするためでしょう。ちょうど子供を躾(しつ)けるようにほんとにねんごろに仕付ける。躾けという言葉はそこから出たといわれています。

網野　なるほど。

宮田　衣服を裁つときのしつけもそうですけれども、田植えもきちん、きちんと行われる。田植えの方法は、たとえば車田みたいにグルグル輪になりながら進むのが古式だった。要するに神霊をそこへ招き寄せるんだと説明されています。田植えをお祭りだと考えているわけです。しかも田の神を迎えるために早乙女(さおとめ)が晴れ着を着て行う。性的な要素が強い所作もある。これは生殖を増進させるためですね。田植えにいたるまでには、種子を蒔いてからのプロセスが、他のムギとかソバとかアワ、ヒエに比べると格段にきめ細やかなんです。ああいうことは水田・稲作だからやっているわけでしょう。

　コメは約十カ月、十月十日(とつきとおか)という人間の生命誕生とも重複するような時間をかけて、ねんごろにつくっていく。しかもその田づくりのやり方が、折り目折り目にいつも神様を招いてきて、神々と交歓しながらつくっていく。そういう発想を持っている穀物なんです。それで最終的には神に捧げるんだという、非常に古い宗教的感情が宿っています。ですから、おコメが持っている力は、たとえば「振りゴメ」みたいに、人が死にかけるとおコメを振る音を聞かせて蘇生させるとか、そういう霊力として発揮される。税のことをチカラと読むでしょう。

網野　タヂカラといいますね。

宮田　つまり税がイネだから、ああいう表現になるんです。力飯とか力餅というように力がとりわけ籠もるという言い方で、病人が元気になる食事に使う。今でも小学生や中学生の遠足、運動会というと、弁当はおにぎりになる。おにぎりにはコメの力が入っているわけですね。今の都会の子供はあまりコメは食べないけれども、運動会や遠足になれば、持っていって食べるという習慣がある。

網野　コメは非日常的だけれども、なくてはならない何かなんですね。ケの世界じゃなくて、ハレの世界のものなんですよ。ハレの世界で、今おっしゃったように、コメを食べると力が出る。普段は出なかった力が出るという具合になる。しかし、ハレのものであることを強調していきますと、自給自足の論理は全然成り立ちませんね。

宮田　そうですね。日常的なケの世界で完結しなくちゃ自給自足とはいえないわけですね。

網野　むしろ、ハレのものであるという点にこそ、まさに日本のコメが現在でも持っている重要な問題があるわけです。今だって、「たまにはコメの飯を食わなくちゃ」なんて言って食べますからね。現代の若い人は、どうなんだろう。あまりコメは食べないのかな。

宮田　いや、三度に一度は食べるってよく聞きますね。

網野　ぼくがまさにそうです。三度に一度はコメを食べる。朝、コメを食べて昼飯はたいてい麺類。あ、三度に二度だな。夜はコメの水を食べている（笑）。

宮田　ハハハ。

網野　そこで酒の問題が出てきますよね。酒は、日本の場合は何といってもコメということになりますね。

宮田　醸すっていうやつですね。

網野　また、山梨の例で恐縮だけれども、甲斐は古くからのブドウの産地でしょう。室町時代からあったといわれていますから、ブドウ酒もけっこう古くからあったのではないでしょうか。もちろん明治になってワインの技術が入ってきてから本格的になるのでしょうけれども。しかし酒というのは、日本列島全部についていえることなんですか。

宮田　いやいや。そうではないでしょう。焼酎だって別にコメに依存していませんし。アルコールというのは、それを飲むことによって自分自身がメタモルフォーゼといいますか、変身していって、神と一体化できるようなところまで持っていく手段ですね。そういう呪術的な手段として、私たちは酩酊（めいてい）するわけです。しかも年に限られた回数だけしか飲めないという、まさにハレの典型的な食品です。だから、サラリーマンが毎日、毎日、酒を飲んで帰るというのは、ハレがケになっちゃってるわけですよ（笑）。しかも、最近はアワ飯とかヒエ飯を珍しがって年に一、二回ぐらい食べるらしい。今度はそっちがハレになってコメがケになってる（笑）。

いずれにしても、太古からなんでもかんでもコメだったという発想は、いくら頑張っても通じないと思うんです。

網野　確かにコメを日本人が大事に思っているということを、国際的にわかってもらう必要はあると思うんですよ、間違いなく。しかし民俗学者、歴史学者が国際的に発言するときには、これまでとは違う角度から説明するべきだとは思いますね。

畑作農民とアズキ

宮田　そういう点でいえば、コメが必要なのは神事とかお祭りのときですね。コメがないとなかなか祭りが保てない。それから、水田・稲作農耕民というのは、確かに藩権力とか国家権力と結びついて、コメをつくって武士たちに供給するということを行っていたと思います。けれども、一方には畑作農民もいる。彼らはコメを年中つくっているわけではありません。何をつくっているかといえば、アズキとかダイズとか、換金作物でしょう。つまり、おカネになる作物なんです。

柳田国男は晩年、赤い色の食べ物を一所懸命追究しているんですよ。赤い色とはすなわち赤飯のことで、これは白いコメを赤く染めたものですね。そこには、かつて、まつりごとに使っていたと思われる赤ゴメに対する郷愁があるのだろうといわれています。要はアズキを使って染めたわけです。そこで赤飯と赤ゴメを結びつけようとするわけですが、当時、赤ゴメといわれていたのはトボシとよばれる大唐米で、これは室町期に中国から入ってきた新しいコメですから、柳田の理論に合わない。むしろジャポニカ種の赤ゴメということですが、ジャポニカの方は量が少ない。そこで白いご飯を赤く染めたことになるだろうということになる。

この赤と白の対比は、日の丸や「紅白歌合戦」にも通ずる、いわば日本的な習俗ですね。そこで、畑作農民たちが白を赤にするためのアズキをつくっていたというのは、たいした知恵だという気がするんです。

網野　そうですね。近年は、赤ゴメ論もだいぶ盛んですね。

宮田　以前は大唐米を論じていたんですが、最近はもっと古い時代に伝わったコメだという議論になっていますね。菊池勇夫氏の「赤米とヒエ」という論文によると、江戸時代の津軽藩では赤ゴメが貢納の対象の一部となっていたという。赤ゴメを納めていたという史料が、紹介されているんです。それが大唐米じゃなくて、ジャポニカ型の赤ゴメだと説明されています。藩の商人たちがそれを購入しているそうです。

網野　江戸時代にもある程度は流通していたのでしょうね。

宮田　いずれにせよ、畑作農耕民の勢力が後退して水田農耕民中心になっていくときに、畑作的要素がうまく持ち込まれた。白一色だったところに赤が加わった。アズキはキーポイントになるわけです。しかも、アズキは非常に古い畑作物であり、換金できて、価値が高い。水田、稲作の白米に依存している民俗文化だけをイメージしないで、畑作民の精神構造をもっと解明する必要がありますね。

畑作文化を背景にすると企業をはじめ、いろんな商売ができる、つまり、山民であるとかえっていろいろな職種に手を出して活性化させている。こうしたマルチ型の構造が畑作の基本にあるわけです。逆に、水田稲作農民は定着した状態であり、コメを連呼していなくてはならないという発想になっている。

稲作中心の社会ではなく

網野　コメに関する言説の現状は、今のお話のような歴史的な経緯を考えると、非常に偏ったものが多いですね。

それに明治以後の日本の近代国家は、植民地に水田を持ち込むでしょう。水田を持ち込むと、必ずそこに神社がくっついていくんです。

宮田　宮田（みやた）がついちゃう（笑）。

網野　これもまた渋沢敬三の発言ですが、彼が台湾に行って、日本人のつくったダム——水田を開かせて「内地米」をつくらせるためにつくったダムの建設の努力を評価しつつも、こういうやり方が、ほんとうに台湾人のプラスになるのだろうかという疑問を持っているんですね。

　とくに高山族に稲作を強制することについては、強い批判を持っています。朝鮮半島でもそうですし、ついには「満州」、中国東北にまで水田をつくろうとするわけですから。しかしそうした努力の結果、ほとんど稲作が不可能だった北海道までが水田化するわけですね。こういうエネルギーそのものをたやすく否定はできないけれども、ただ、そのエネルギーが朝鮮半島や台湾に持ち込まれたときには、間違いなく抑圧的な役割を果たしています。

　つまり当時の「大日本帝国」の自給自足のために朝鮮半島や台湾にコメをつくらせる。しかも外米ではなくて「内地米」をつくらせるという方向に進んでいる。その上、必ず神社を持ち込んでつくるわけです。これを見てもコメが国家に切り離しがたく結びついていることは明らかだと思いますね。だから、ことはそう単純ではないんです。「日本国」の内部でも同じことがあったと思います。たとえば、今おっしゃった畑作農民の実態にしても、まだ細かくはわかっていないんでしょう。

宮田　そうです。あまり研究は進んでいません。

網野　逆にいえば、歴史家はコメしか研究してこなかったから。
宮田　民俗学者にもそういうところがあったから（笑）。
網野　そうなんですよ。われわれはこれまで百姓をみな農民として史料を見てきましたから、すべてコメと結びつけてしか考えてこなかったんです。しかし、日本列島のような地形で昔から水田・稲作、農業中心の社会だなんて、そんなむちゃな話はないんですよ。これだけ山があり、川があり、海があって平野は少ないのですからね。
　このあいだ愛知県の春日井で開かれたシンポジウムに出席したんですが、古地形を見ると、岐阜の大垣あたりまで、少なくとも古墳時代までは海が入っていたのだそうです。岐阜は海のない県だなんていえなくなるくらい（笑）。
　南関東だって、古地形を見れば水浸しの世界ですよ。そういうところが中世から近世になって干拓され、水田地帯になった。とくに干拓して水田化するときには、江戸時代には商人の名前が入っていることが多いですね。やはり企業なんでしょうね。商人が投資する。そういうところが純米作地帯になるんです。
　一方、能登のようなところは、古くからの地形のままで非農業の方に力を入れているから、古い水田の形がそのまま残って、純米作地帯とは全然違う歴史をたどる。むしろそういう地域が日本列島ではふつうに見られるのだと思いますね。瀬戸内海の島の中にも、今はさびれた島、あるいは無人島になっているのに、かつては港町があったという事例は、いたるところにある。海上交通が主であった時代には、ここには絶対に立ち寄らなきゃいけないという島があるわけで、そこにはおのずから相当の集落、都市ができる。ところが、交通体系が変わると、無人島になってしまうんです。

宮田　青森の十三湊（とさみなと）なんていうのはそういう例ですね。中世の港町。

網野　まさしくそうですね。昔は西の博多に匹敵するとまでいえるぐらいの大きな港町だったのが、今はまったくわからなくなっていたわけです。人の住んでいないところを発掘したら立派な町並みを持った都市が出てきた。

宮田　だけど、津軽平野は新田開発で、十八世紀に壮大な瑞穂の国に変わるんですね。

網野　東北はみんなそうですよ。

宮田　畑作を、干拓してどんどん稲作に変える。

網野　ぼくはコメが好きだし、コメの水も大好きですすし、一粒のコメだって大事にする。弁当箱をあけたら、まず、フタのコメをひとつずつ食べる習慣を十分持っている人間で、決してコメを粗末に思っているわけではないんです。しかし、これまでのような、コメ一辺倒の歴史は決して正確ではないし、日本人を誤らせると思うので、あえてコメ以外の非農業民の役割の大きさを強調しているのですが、現状では、どれだけこれを強調してもまだ足りないと思っています。

畑作や非農業の分野には歴史学も民俗学もまだやるべきことがいくらでもあります。

だからその辺の問題をこれからも勉強していきたいですね。もっともこんなのは学界の中では間違いなくはずれ者の少数派ですが（笑）。

宮田　おっしゃるとおりですね。

新しい日本像を求めて――歴史と民俗のあいだ（一九九五年）

歴史学と民俗学

――本日は、『本郷』創刊にあたりまして、網野・宮田両先生に「新しい日本像を求めて――歴史と民俗のあいだ」というテーマで、縦横にお話しいただきたいと思います。

ところで、お二人は今から十二年前の『日本読書新聞』一九八二年八月二十三日号で「歴史と民俗の十字路」ということで対談をなさっておられますが……。

網野　一九八二年というと、ちょうど四月に日本常民文化研究所が神奈川大学に正式に招致された年です。その二、三年以前から話はあったのですけれども、いろいろ事務的な都合があって、結局正式に移ったのは八二年ですね。その研究所移管が一つのテーマになって、対談を行うことになったのだと思います。あの頃にくらべて、二人とも髪の毛が薄くなっている（笑）。

宮田　私はかろうじて残っていると（笑）。
網野　おそらくこれが、私と宮田さんとが対談をやった最初でしょう。だから、宮田さんとはそんなに古くから、お会いしていたわけではないんですよ。
宮田　その頃、『日本民俗文化大系』（小学館）の編集をやってまして。
網野　編集委員の高取正男さんが亡くなって、一九八〇年からその後任に私と坪井洋文さんが加わって、それからはよくお目にかかるようになった。
　そうやって『日本民俗文化大系』が完成してから、小学館がつづけて『海と列島文化』を出版しますけれども、以前は歴史学と民俗学とを交差させ、協力させることはたいへんでした。
宮田　言うは易く、行うは難しというところがありました。
網野　むずかしかったですね。歴史学と民俗学の間には見方の対立がありましたから。戦後しばらくは両者の関係はよかったけれども、五〇年代の後半から急速に仲たがいして、六〇年代が最悪でしょう。
宮田　おそらく歴史の方ではマルキシズムの社会経済史が中心になっているときに、民俗は庶民の日常生活・文化・風俗習慣といったことをやってましたから。
　だけど両者の関係が変わってきたのは、やはりヨーロッパのアナール派の成果が日本に紹介されたことというのが一つの契機になっていると思います。ただ、網野さんが民俗的なものへ接近されたのは、アナール派よりも先なんですね。宮本常一さんとの触れ合いが大きいから。

でも最近ようやく、この列島に住む人々の歴史の中には、ゆるやかに変化する歴史の流れというものがあって、古代・中世といった時代の枠組によっては切れない、基層文化的なものがあるというふうに考える歴史学者が多くなったでしょう。

網野　一時にくらべれば多くなったでしょうね。それまで歴史学が民俗学を批判していた一つの理由は、民俗学は、変化するものよりも、むしろ変化しないものを明らかにすることを志向しているという見方があったと思います。それが歴史学の側からの、民俗学に対する不信や批判の一つの理由だったと思うんです。

宮田　だけど民俗学のなかには、歴史学とは違う、もっとゆるやかな、または微妙だけれどもそれでもやはり一つの変化を見ようとする動きもなかったわけではないんです。たとえばお祭りを考えてみましょう。お祭りというのは毎年行うから、繰り返し行われる類型的なものであり、変化せざるものだととらえがちですね。ところがお祭りをする人にとって、祭りを行う前の気持ちと、終わった後の気持ちの持ち方には変化があるということなんです。つまり休日をとってリフレッシュして、そしてまた明日から働くという。祭りというものを境にして、日常生活のあり方に変化が生じていくわけです。

そういう微妙な感覚とか、行為の前後に起こるものを、これは日常生活の一つの流れだからと、一体化してとらえてしまってはいけない。たとえば風流なんていうのは、そうでしょう。飾りものをつけたり、神輿を担ぐメンバーが毎年少しずつ変わる。それからお祭りの組織である宮座も当番が代わる。そうすると祭りの中の神饌の種類についても変化が生じる。するとそれによって日常行動にも影響を与えてくるではないかと。こういう微妙な感覚の違いというところまでとらえようとする。つまり変化のプロセスをとらえるというところに力点を置かないといけない。民俗は刻々と変化しているわけです。

民間学の力

——ところで網野先生は、民俗資料を歴史の史料として扱っていくという発想をどこから得られたのですか。

網野　宮本さんや河岡武春さんの影響もありますが、直接的には民俗学者の中沢厚からかもしれませんね。宗教学者の中沢新一の父親ですけれども。

宮田　ああ、そうですか。

網野　彼は私の妻の兄なので、若いころからずいぶんよく話をしていたんです。彼から私はいろいろと教えられました。たとえば飛礫に関心を持ったのもその影響で、彼は石礫を投げる行為は、人間そのものの、種としての本能、猿と人間の違いとか、そういう方向で考えるわけですよ。そのぐらい人間の本質と深い関わりがあるというわけです。確かにそのとおりですが、私の方はそれを文献史料から考えたわけです。そうすると、いろいろな時代の史料からそのあり方の変化がわかってきました。

かつては石礫を投げる習俗は、大人が祭りや非日常的な場で真剣にやっていた。それがある時期から次第に大人の習俗から子供の遊びに転化して年中行事化する。これが今言われた民俗の、ゆるやかな変化といえるでしょうね。そして、最近ではついに子供の石投げもまったく行われなくなったわけです。これも大きな民俗の変化ですね。ですから、民俗にも歴史的な変化があるということがよくわかりました。そんなことを中沢厚と議論しているうちに、否応なしに歴史学と民俗学の関係を考えるようになったわけです。

宮田　中沢さんは、本当に異色の民俗学者で、彼の流れは脈々と現在も生きている。だけど、それは柳田国男の民俗学とはまた違う流れですね。

網野　そうです。ちょっと違いますね。

宮田　ちょっとスタンスをおいて展開していくわけです。彼は山中共古（やまなかきょうこ）（キリスト教伝道者、民俗学者）の系統を引いていたでしょう？　山中共古は『石神問答』で柳田国男と論争したりしましたね。

網野　そうですね。山中共古が死んだときに、『東京人類学雑誌』が、必ず何か書いているに相違ないと中沢は考えたわけです。山中共古は『人類学雑誌』の投稿の常連だったのですから。それで私は彼にたのまれて、名古屋大学でこの雑誌を全部借りてきて、山中の死んだ一九二八年の前後の記事を探したのです。しかしいくら探しても何も出てこない。それで改めて雑誌をひっくり返してみたら、ある時点から雑誌の傾向が非常にアカデミックになる。山中はそこで切り落とされたのです。

宮田　やはり日本の学問は、そのあたりから、だんだん民間学を切り捨てはじめた。

網野　大正の終わりから昭和初期ですね。柳田国男の学問もその時点ぐらいが一つの分岐点じゃないですか。

宮田　そう、分岐点になったと思います。柳田は山中共古との対立を持ちながらもずっと民間のサイドにいた人ですから。やっぱり外されていきますね。しかし民間学の伝統が持っていた猛烈な好奇心とか、民間に展開した日本文化論とか、そういうものを日本のアカデミズムは掬(すく)い出すことをしなかったですね。

でも、フランスのアナール派というのは、そこから出発したんですよ。政治史とか、社会構成史で作る歴史学に対するアンチテーゼで出てくるんだけれども、アナール派はフランスの民俗学の成果をたっぷりと吸収して進むんですね。そして日本にそれが入ってくると皆いっせいにアナール派に向かっていってしまう。だけど民間史学の伝統を引いている網野さんは大丈夫だと。

網野　いやいや（笑）。

宮田　ところが私に言わせるとやっぱり国学の伝統を引いている民間学があって、その伝統を生かしてきた、柳田とか山中共古の路線というのは、ようやく最近日の目を見てきているのではないか。そんな思いが今回の『日本歴史民俗論集』（吉川弘文館）というものを編集するきっかけの一つだったように思えます。

網野　しかしこういう論集ができるようになったことは、本当に画期的なことですね。

宮田　それで、この流れを次の世代にどういうかたちでつなげていけるのか。その基礎作業として、この論集は今までの「歴史民俗」に跨（また）がる代表的な論考を整理したんですね。

それと「歴史民俗」という言葉はそれほど定着した言葉ではないけれども、どっちに比重があるという意味ではなくて、両方の境界を押さえるということでした。でも、やっぱり全体を見ると歴史学の成果の中にどういうふうに民俗的な世界があるかという、そういう傾向のものが多いのは一つの特徴ではあります。

日本像の書き替え

——そういう中で、従来の日本史像の書き替えが必要になってきているといえますか。

宮田　そうですね。網野さんのご自身の仕事でも、最近の海民論、あれは民俗学的な知識をちりばめて、展開されていますね。

たとえば、熨斗は古代の天皇に捧げる干し鮑をマークにしているものです。だけど、われわれは今もごくあたりまえにお年玉や祝事のときに熨斗を印刷した袋の中にお金を入れてプレゼントするでしょう。現金をそのままでは駄目だけれども、熨斗をつけた袋なら、贈答品になる。ああいう習俗が、いったいいつ頃からできたのかということを問題にしなければならないわけですね。

歴史が書き直されていくというのは、そこなんです。たかが熨斗、されど熨斗ということで、あれには非常に大きな問題が隠されている。つまりかつては海民が、天皇に漁獲物を捧げていたわけですが、それを記念にした印が民間の習俗になるほどに普及している。つまり稲作農民のみによってこの国の権力は支えられていたのではない。海民の問題、そこから敷衍される天皇制の問題、さらに農業民でない世界を、熨斗一つから説明できる、いわば構造的な問題を孕んでいるんです。

やっぱり、私は本来歴史学はそういう構造的なものとして説明されるべきであったんだと思う。それをどうして日本史の授業や教科書では権力の交代ばかりを教えるのだろうか、非常におかしなことです。

網野　そうなんです。これまでの歴史学は、先ほど話に出たようにもっぱら変化に目を向けてきた。おのずと政治史中心になりがちですね。

入試問題を作るために高校の教科書を読むことが多いのですが、そうするといかに研究の現状と教科書の記述とがかけ離れているかがひしひしとわかります。けれどもこれは簡単には変わらないだろうと思いますね。戦前の皇国史観的な教科書に対し、戦後にそれを壊した新しい日本史教科書のスタイルができますね。

今やそのスタイルが固定した枠になってしまった。それがギリギリのだめなところに来ていると思うんです。これは必ず近い将来に壊れます。ただ、どう壊したらいいかは、大問題だと思いますが……。

宮田　それは大学の制度の中の講座が、古代史、中世史、近世史と分かれている限り崩れないですよ（笑）。

網野　しかし古代、中世、近世、近代という区分の根拠はあるんです。その一つは、時代によって文書で様式がはっきり変わることですね。制度上はっきりとした変化がある。だから私は、四区分はそれでいいと思います。

宮田　古文書じゃなくて、公文書が変化するんですか。

網野　そうです。制度が変わるんでね。やはり制度に則して文書の形式ができますから、文書史料は、制度と不可分ですね。しかし、これを絶対視してきたところに、これまでの歴史学の問題がある。制度が変わると、社会も変わったと思ってしまう。社会が変わっていくから、制度が変わるのは事実です。けれども、太閤検地によって、今まで隷属していた小農民が自立するかといえば、ことはそう単純ではないですね。それから、「商農分離」の身分法令が出ると、農村にいた商人が全部都市に集められたことになってしまうといわれていますが、そんなことはありえないんです。

宮田　だけど、その文書の形式が変わるというのは、日本列島の隅々ですべて変わるんですか。

網野　沖縄と北海道は別ですが、意外なほど文字や文体は本州・四国・九州では同じように変わります。

　ですから制度の変化と社会の変化、さらには生活・民俗の変化がどのように関係しているのか。そこのところをはっきりしなくてはならなくなってきていると思います。民俗の次元の変化は制度の変化とは違う波長を持っていますからね。

　ここ十年ほど、奥能登の時国家の文書を調査しているのですが、お蔵に保存されてきた文書だけでなく、襖の下張り文書まで調べていくうちにわかって驚いたことがたくさんあります。たとえば、今までもっぱら塩を作っている貧しい集落とされてきた曽々木にも北前船を持っている家が何軒もあって、そこには船宿があり、諸国の船が出入りをしている。これは小さな港町なんです。それから、豪農だと思っていた時国家が千石積みの船を何艘も持ってサハリンまで行かせているし、曽々木でも二、三百石ぐらいの船が、日常的に北海道にまで行っていることまでわかってきたわけですよ。

それから、教科書では「水呑百姓（みずのみ）」は貧しい農民ということになっていますね。しかし、時国家の文書の中に、延宝九（一六八一）年に曾々木の四人の水呑が、今年は「ひしとかつえた」のでお救い米をいただきたい、と願い出ている文書がありました。一見すると、貧しい水呑が飢えて、食い詰めて、お救いを望んでいるように見えますが、その水呑を一軒一軒調べてみると、実は船持ちで豊かな人たちなんです。田を持っていないから制度上「水呑」になっているけれど、曾々木は小さな都市なんですよ。都市だから、周りが飢饉（ききん）だと、米が入ってこなくなる。それで救い米を望んでいるわけです。

宮田　飢えて救いを求めるのは、単に貧しいからじゃないんですね。

網野　そう単純ではないんですね。あたりまえのことですけれども。飢饉のときに、まず飢えるのは都市なんです。決して農村からはじまるのではないと思います。だから飢饉も今までと違う目で調べると、ぜんぜん違ったものが見えてくる。民俗資料も、視点を変えて考えていけば、違うものが見えてくる可能性があるのではないですか。

しかし、民俗資料学はまだ誰も手をつけていないと思うのですが。どういうものが、どういう経過で民俗資料の中に伝わるのかを、これから精密に考えていく必要があるのではないでしょうか。

宮田　それでたぶんそれを突き詰めていくと、心理学の問題に入っていくようです。つまり今に認知論とか、民俗認識論というようになるんじゃないか。つまりわれわれが伝承といって、知識を共有していくことは、パフォーマンスとして学習により獲得していくものでしょう。つまり物心覚えて、三つか四つぐらいで、だいたい周りのものを知って、見様見まねで学んでいく。最初は両親から子供へという間で、そして世代を作っていく。そしてそれがだんだん広がっていって、いろんな人間関係を構成していく。だから民俗を支えていく一番プリミティブなものは親と子の関係の中にあるわけです。いろいろなパフォーマンスは実践的な意味を持っていて、実際に行動することにより、自分のものになり、そしてそれが伝承されていくわけでしょう。だから認知論を導入して、逆に人間の行動の基本にあるものが、伝承というものだという。だからあらゆる学問の基礎には伝承があると、若い研究者たちは言い出している。

柳田国男も心意ということを言っていて、これは深層心理みたいなものですね。ユングやフロイトになってしまうところもあるんです、超神秘的な世界に魅かれると。しかしそういうものじゃなくて、ごく日常的に学習していく、子供が親の真似をして学んでいくというようなプロセスの中でパフォーマンスが身体を通して伝わっていく。言葉を通して、あるいは文字を通してというのではなくて、身体を通してという発想で伝承をとらえるということです。

網野　それは面白いですね。

宮田　今までの民俗学の問題点を挙げれば、たとえば慣習というものが、生まれて伝播(でんぱ)

していき、定着する、そして変改していく、といったプロセスを今まではあまり明らかにしないで、表面に出ているものだけをつまみだしてきた。

柳田国男にしろ、折口信夫にしろ、一つのトピックを引っ張ってくることによって、全体を説明しようとしたんです。事件史というのは、表面の歴史だけれど、一方で動かざるがごとく水面下にあって、ゆっくりゆっくり大河のように流れていく、そういったものが民俗だという考え方がずっとあるわけですけれども、この両方をつなぐパイプのようなところを、若い世代の研究者たちがやり始めている。

網野　なるほど。

宮田　民俗学もいろいろと若い研究者の話を聞いていると大きな変化が生じていて、僕らも旧世代になってしまっている感じですね。しかし彼らは本質的な部分に目を向けています。「伝承」とは何かとか、「民俗」というのは現代のわれわれとどういう関わりがあるのか。つまり民俗というのは、一般常識だと、古めかしい文化だとしか思わなかったのです。しかもただ単なる一九七〇年代以前の日常生活の習慣のように思えたわけです。しかし、そういうものにどういう意味があるのかということを、柳田国男を神格化していない世代の人たちは考えているんです。

それから、さっきの伝承についてですが、文書でも偽文書（ぎもんじょ）とか、雑（ざつ）の部類に入るという決めつけ方で示されたものは、文書至上主義からいうと価値が低く見えるでしょう。

ところが偽文書は今言ったような慣習の伝承というのを説明する、有力な根拠になっているということがあるのではないですか。

網野　そのとおりで、最近は偽文書に対する認識も変化しつつあると思います。

宮田　だとすると、偽文書という名前を変えなくてはいけませんね。

網野　そうですね。文書に書いてある年紀については「偽」だけれども、それが作られた時期のものとして見ると、史料として十分に意味があるどころではなくて、たいへん重要なものであるケースは、いくらでもあるわけですから。

宮田　そういうことを主張する人は少ないんじゃないですか。

網野　あまり多くはないけれども、このごろはそれでも大分変わってきました。八〇年代になってから情況はかなり変わったと思います。民俗学の方の変化もあったし、七〇年代ぐらいから本格的に考古学の成果が表に現れて、歴史学との間に活発な交流が始まる。これも八〇年代です。これは決定的ですね。

民俗資料と文献史料との間に大きな性格の違いがあることは、われわれもある程度は知っていたのだけれども、考古資料と文字で残された史料の間に、これほど大きな違いがあるのかということを知らされたのは驚きでした。

商業民俗の世界

――そういう中で、今後進めていかなければならない研究というものにはどのようなものがあるんでしょうか。

網野　私が研究を盛んにしなければならないと思うのは、商業民俗についてです。商工業民俗といってもいいかもしれません。この分野の研究は、ほとんど行われていないですね。

たとえば、広告や商標の歴史を研究する必要があります。それから商売人は、縁起を非常に担ぐ。足駄爪革業は雨の降った日しか取引をしなかったといいますが、それはどこからくるのか。

宮田　商業民俗という問題についての研究はごく限られていますね。いわんや細かなことについてはまだぜんぜんだめです。

網野　確かに香具師（やし）や博徒（ばくと）の世界の民俗の問題は非常に研究しにくいけれども、そこまで入らなくても、問題はいくらでもあります。たとえば株の取引の符牒（ふちよう）や言葉ですね。

宮田　証券取引所でやっているあの符牒ですか。

網野　あれは日本だけのものなのか。外国でのやり方を私は知らないけれども、不思議な感じを受けます。

それから、言葉の問題があります。商業の言葉には、実に古い言葉が多い。取引、手形、切手、為替、仕切。みな中世からの言葉ですね。

宮田　そうですね。

網野　経済市況に出てくる、株の値段についての言葉も面白い。株式自体がそうだけれども相場、先物、寄付、大引などみんな古い言葉ですね。商業用語は、古代、中世に遡れます。それが今でもちゃんと生きている。近代以降もヨーロッパの言葉を翻訳しなくても、昔からの言葉ですべて対応できているわけですから、それだけ日本の社会で商業が発達していたことになります。また、商業だけではなくて、手工業、職人の世界も非常に発達していたと思うんです。

現代の社会が、これだけ金融・商工業が発達しているのに金融・商工業についての民俗学的研究は、あまりにも蓄積がなさすぎる。これも日本人の「農本主義」志向、学者の「農本主義」志向が原因でしょう。

宮田　確かにやらないですね。今まで民俗調査というと、やっぱり農村、僻地、山間部へ行くというのを当然のこととしてましたから。

網野　これまで、そういう問題意識でやってきたために、日本の社会の重要な要素で見落とされているものが非常に多いのではないかと思う。これはやはり学問の「農本主義」によるところが大であるといえるのじゃないですか。

また、近代以降の歴史学にも「農本主義」志向が強くありますね。だいいち、翻訳語自身が非常に怪しい。

「農」の意味は一つも入っていない外国語の翻訳に皆「農」が入っている。たとえば、ドイツ語のライプアイゲネは「体僕」とも訳されますが、本来は「農奴」の意味ではないですね。しかし、たいていは「農奴」と訳されている。へーリゲは隷属民という意味なのに、「隷農」とか「農奴」と訳しています。この翻訳語で外国文献を読んだ人は、「農」がついているから、みな「農業民」だと思ってしまうわけですよ。羊を飼っている人だってみな農民になってしまう。こういう偏りは、近代の学問にものすごく根深くありますからね。この問題は日本の学問・知識人の問題でもあり、社会全体の問題でもあると思います。

崩れつつある日本史の常識

宮田　それに関して、商人（あきんど）という言い方は「アキの人」からきたんでしょう。アキナイというものはお得意が来る日が決まっている農閑期に入ってからのものであるという、こういう発想は農村を中心にしている農民の言い方なんですね。

網野　なるほど。

宮田　逆に夏祭りというのは、農村の中にはなかった。農村は収穫の時期の秋祭りがあればよかった。農事暦からいうと夏祭りというのは必要ないのです。

網野　夏祭りは都市の祭りです。昔は怨霊の仕業と考えられた疫病などが、都市に多く流行る夏に、その怨霊を払うために行うのが夏祭りですから。

宮田　そういう発想からいくと、祇園祭のような、多くの日本の祭りというのは、農村の祭りじゃなくて、都市のお祭りです。

網野　でも、夏祭りはおそくとも平安時代には始まっています。都市の伝統だって結構古いんですよ。

宮田　また、その農村自体に対するイメージだって一面的すぎるのではないかと思います。江戸時代の名主たちが、天候の良し悪しから、一年間の作物の出来高や見通しをつけるでしょう。それでどのくらい売れるかという判断をする。今年の相場はこうだという情報を集めるわけですね。そういったことを名主が自分で日記につける。それが残っているんです。

それを見ると、これくらいの雨になると米の相場にこれこれの影響が及んでくるというようなことが書いてある。そのうえ、そういった見通しを農民たちに徹底させています。相場師でも何でもないけれども、村には生活体験の中から相場を判断する人がいたわけです。

網野　そうでしょう。情報の伝達者がたくさんいたはずなんですね。

私は能登の時国家の調査をしていて、びっくりしたのは商品の相場の表がたくさんあったことです。商品の先物取引でもしていたのでしょうね。米の先物取引は早くからやられているようですから。

宮田　土地にしがみついているだけだったら、そんなことはできないはずでしょう。農村がみな閉鎖的な完結した共同体だという意識は揺らいできているんじゃないですか。

網野　そういう取引の情報を、どうして時国家が持っているのだろうかと、最初は疑問を持ったのですが、それはあたりまえだったのです。時国家は北前船を五艘持つ大商人だったのですから。

前近代の貨幣経済は、たいしたことはないとこれまでは考えがちでしたが、決してそんなことではないと思うのです。古代の東国では取引のための貨幣は絹と布でした。西国ではだいたい米です。十三世紀に銭（ぜに）が入ってくると、東の絹や布はいち早く銭に変わります。ところが、西はなかなか銭に変わらない。西国では米が頑固に貨幣としての機能を持ち続けています。銭の単位の疋（ひき）は、本来は絹や布の単位ですね。だから、生産力が発達しているから銭が流通し、おくれているから米の現物経済だなどというのはまったく間違っているのです。

そして、戦国末から江戸時代になると、中国大陸の明の状況が変わってきて、永楽銭（えいらくせん）の信用が落ちてしまいます。そうすると西は、また貨幣が米に変わってしまう。ところが東は逆で、永楽銭をむしろ基準にしている。そして西は銀、東は金が流通しますね。ですから、それまで貫高だったのが、江戸時代に石高になったのは、現物経済に復帰したのではなくて、計算単位、あるいは支払い手段としての銭を米に変えただけなんです。
　米が貨幣の機能を持っていたのは、平安時代からで、「替米（かえまい）」という米の手形があったことからそれはよくわかります。こちらの人から手形をもらって、その人と関係のある別の蔵に行って手形を出せば米がもらえる。為替と同じですね。

宮田　商業には伝統があるということですね。

網野　たいへん長い伝統がありますね。だから、農業民も物の売買、相場にはたいへん敏感ですよ。漁村はもちろんのことです。

宮田　そうなんです。つまり日本の漁村は漁獲物を製品にして、そしてそれを売りにいくでしょう。すでにそれは商人ですよ。そういう機能は女性たちが担っていたわけです。単に自給自足で魚を獲ってたんじゃなく、行商をして生活してたわけでしょう。

網野　そのとおりで、漁獲物は絶対に売らなければならないんです。売ったら漁村にないものを買うわけで、農地がなくても米は交易で購入すればよい。だから米は海村や都市に集まります。村落は自給自足であるという見方はまったくの間違いです。

宮田　日本人の全人口の圧倒的多数である農民のことを調べれば、日本文化の原理がわかるというのが柳田民俗学の前提ですが。

網野　しかし、それは完全に崩れると思います。

宮田　農民・農村を研究すれば日本がわかるという神話は確かに崩れつつある。

網野　はい。今や日本史の常識は音を立てて崩れつつあると思いますね。

あとがき

「これは重大問題ですよ」を連発する網野さんに終始押されっぱなしであったのは、どうみても力量の差というか、年齢差を全く感じさせぬ人なので、まあ人間の差というべきなのか。

この網野さんとはじめてお会いしたのは、今から二十年ほど前、当時信州大学に居られた塚本学さんの依頼で、信州大学へ集中講義に出かけたおり、前期を偶然にも網野さんが担当され、その後半を私がということで、たしか私は『原初的思考』（改題して『白のフォークロア』平凡社ライブラリー）をまとめた頃で、被差別のテーマが与えられていた記憶がある。授業を終えられた網野さんを慰労するコンパが松本駅近くの飲み屋の二階であり、そこに合流し、あのさっそうとした姿に接した。

二度目は神保町の天ぷら屋の座敷で、これは亡くなった高取正男さんに代わって小学館の『日本民俗文化大系』の編集にご参加願えないかとのたっての願いで谷川健一さんと編集長の山崎晶春氏が同席し、網野さんをやたらにくどいて納得させせた。このえにしが腐れ縁となり……。

　そして今度は歴博の民俗研究部長だった坪井洋文さんが夭逝され、ふたたび網野さんをその後任にと山折哲雄さんと二人威儀をただし、新宿中村屋に一席を設け、御願いしたところ、これは見事に振られてしまった。そのとき網野さんが実は神奈川大学に大学院を設置する計画があり、それに専念している最中なのでと言われた。まさかその件が我が身にふりかかろうとは……。

　そしてその次に、水道橋のガード下の喫茶店で今度は網野さんから、神奈川大学の大学院に民俗資料学のコースをつくるにあたって力を貸して欲しいと言われた。「君は筑波大学で管理職ばかりやらないでのんびり研究した方がいい」という一言が効いた。この辺の迫り方に彼我の差があるようだ。

　私が神奈川大学に移って五年目に、網野さんは定年で退官されることになった。私は人にあだ名をつけるくせがあり、網野さんに「ドン・アミーノ」と名づけた。金曜日の午後になると、網野さんのまわりに若い研究者が群がり、いつも議論しながら古文書を読む情景がみられたからである。談論風発型ではあるが激することはない。どんな若者が相手でも、眼線を同じ位置におろして話相手になっているから自然と輪が広がっていく。お酒が入ると、今度は若者に対し一歩も引き下がらない。私は幸いにも肝臓を傷めていた関係で論争を避けることができたが、網野さんは古稀をこえた今も血気盛んである。本書第一部の、定年直前に行われた対談は、その勢いとどまることを知らず、一方的に言いまくられたところが明白である。

本書の内容は、はじめから定められた筋書きはなかった。出会ってやあやあと席につき、そのままおしゃべりしているうちに型がととのった感がある。いつも網野さんの豊富な話題性には驚かされていた。歴史観や民俗認識の仕方には「踏みわくる麓のみちはことなれど……」といった程度のちがいはあったが、山頂の月は同じに見える。こうした機会をつくってくださった関係者各位、とりわけ熟練の編集者藤原清貴氏に厚く御礼申し上げたい。

一九九八年十月二十一日

宮田　登

あとがき

宮田登氏のお名前は、もとより早くから存じ上げていたが、最初におめにかかったのは一九七六年の夏、私が信州大学人文学部に非常勤講師として集中講義に行ったときだったと思う。私が先か後かはよく記憶していないが、丁度、交替するとき、飲み屋の二階で食事をご一緒にしたことを憶えている。

それからも何かの会合などでおめにかかることはあったが、本格的にお付き合いするようになったのは、一九八一年の初め、前年十月から神奈川大学短期大学部に勤務しながら、なお、名古屋にいた私の自宅にお電話をいただいたときからであった。

この年は、宮本常一氏、高取正男氏の御逝去があいついでいたが、その高取氏のあとを受け継いで、小学館が刊行しようとしていた『日本民俗文化大系』の編集委員になってほしい、というのが宮田氏の御依頼であり、まもなく上京した私は谷川健一氏と宮田氏におめにかかって、結局、この御依頼に応ずることになった。それ以来、その年の三月末に東京に居を移した私は、度々開かれる編集委員会で宮田氏に頻繁におめにかかるようになり、さらにこれについで小学館の出版した『海と列島文化』のシリーズでも御一緒に編集に参加し、御縁はますます深くなっていった。

そしてはじめて、本書の第二部に収めた「歴史と民俗の十字路」と題する対談をしたのは、一九八二年八月。そのきっかけをつくられたのが、当時『日本読書新聞』の編集者だった藤原清貴氏であった。

この対談は神奈川大学に日本常民文化研究所が招致されたのを契機として、民俗学と歴史学との間によこたわるさまざまな問題を議論した思い出深いものであるが、そのとき、私は名古屋大学で計画し、結局、流れてしまった大学院、総合資料学研究科についてふれ、神奈川大学でそれが実現できないか、という夢を語っている。

この夢が意外なことに、一九九三年四月、神奈川大学日本常民文化研究所に基礎をおいた歴史民俗資料学研究科として結実した。そしてその設置に当たって、まさかと思っていたもう一つの夢が現実となった。宮田氏がこの研究科の設立のための重要メンバーとして神奈川大学に着任され、私の同僚となられたのである。

私はこの三月までで神奈川大学を退職したが、宮田氏とのこうした深い御縁は一生つづくであろう。その一つの証しともいうべきこの対談集が、最初の対談の機会をつくられた藤原氏によって企画され、二回の新たな対談を加え、このような形で刊行されることは、私にとって大きな喜びである。

私の勝手な話に応じてくださった宮田氏、そして本書の刊行を熱心に推進、実現された藤原氏に心からの感謝を捧げたいと思う。

一九九八年十月二十日

網野善彦

新書版あとがき

宮田登氏が急逝されてから、早くも二年近い月日が流れ去った。その間、私自身は病気と格闘し続け、ここまで生きのびるのがやっとという状況であった。

しかしいま、藤原清貴氏の強いお勧めで、本書を新書として再刊するため、校正刷を読むうち、対談のときの情景、宮田氏の温顔をまざまざと思い出し、もはや永遠に宮田氏と対話することのできなくなった現実、その逝去による空白の大きさをあらためて痛切に感じざるをえなかった。まことに悲しく残念というほかない。心から御冥福をお祈りする。

ただこうして対談のあとを追ううちに、私は新たに宮田氏の発言に刺戟され、多くを教えられた。

とくに第一部の対談のさいには、アルコールが多少入ったせいもあって、私は荒っぽい発言に終始しているが、宮田氏はそれをじつに穏やかに、内容豊かな応答でうけとめて下さったことがよくわかる。もはやおめにかかることはできないとはいえ、こうした対談や厖大な著作などを通じて、宮田氏との深い御縁が、残された私の一生を通じて生きつづけることは間違いない。

新書版ではごく僅かな誤解を招く発言や明確な誤りに修正を加え、ルビを追加するにとどめてある。ここでしか聞くことのできない宮田氏の肉声、その興味深い内容から、読者が多くを吸収して下さることを期待したい。

二〇〇一年十一月八日

網野善彦

◆初出一覧（原題）

【第一部】歴史から何を学べばいいのか？
オリジナル（一九九七年一二月二二日、一九九八年一月一三日に収録）

【第二部】歴史研究家と民俗学者の対話（一九八二〜一九九五年）
歴史と民俗の十字路（『日本読書新聞』一九八二年八月二三日号。一部、当時の録音テープから未公開部分を収録）
〈衣装〉の再発見（『ｉｓ』二〇号・一九八三年三月・ポーラ文化研究所）
渋沢敬三の仕事と意義（『澁澤敬三著作集』月報5・第5巻付録・一九九三年七月二〇日・平凡社）
コメと日本人（『現代』一九九四年四月号・講談社）
新しい日本像を求めて――歴史と民俗のあいだ（『本郷』一九九五年一月号・吉川弘文館）

解説

渡邊大門

私が大学に入学したのは、昭和六十一（一九八六）年。非常に不勉強な学生だったが、その心を捉えたのは網野善彦氏の数々の著作だった。網野氏の代表作と言えば、昭和五十三（一九七八）年に刊行された、『無縁・公界・楽　日本中世の自由と平和』（平凡社選書）である（その後、同社から増補版が刊行）。この本により、中世史ブームに火が付いた。昭和五十九（一九八四）年に刊行された『日本中世の非農業民と天皇』（岩波書店）は、網野史学の真髄ともいうべき著作で、その後も続々と著書、論文が公にされた。刊行されるたびに書肆で購い、貪るように読んだといえば、少し大袈裟だろうか。

なぜ、網野史学に魅了されたのか。昨今では歴史ブームと言われ、有名な戦国大名や合戦、事件、あるいは城郭、刀などの人気がある。残念ながら、そういうテーマは網野氏の本と無縁で、ほとんど取り上げられることはない。網野氏が追究したのは、日本あるいは日本人とは何かというスケールの大きな究極の問いだった。

そこに至るまで、米中心史観への疑問、百姓＝農民という考え方に対する疑問など、従来は当たり前とされてきたことの解明に挑戦した。あまり注目されなかった中世の職人や海民を取り上げたのも網野氏である。そのためには、専門の日本中世史だけでなく、果敢に全時代の把握に努めた。また、研究方法は歴史学だけでなく、民俗学、考古学など学際的な領域にまで及んでいる。網野史学の魅力の一つは、こうしたスケールの大きさにあるといえよう。

学際的な手法が網野氏の真骨頂と述べたが、決して簡単なことではない。歴史学は、史料によって過去の出来事を追究する学問である。この場合の史料とは、古文書、日記、金石文などの文字史料である。歴史を研究する場合は、過去に公刊された論文や著作で研究テーマの研究史を確認し、史料を用いて解明する。

一方の民俗学は自国民の日常生活文化の歴史を明らかにするもので、民間伝承、口承文芸、物質文化、社会制度を研究対象とする。古文書などの史料を使うこともあるが、方法論は明らかに異なっている。考古学は人間の過去の文化について、遺物（土器など）や遺構を通して研究する。こちらも、歴史学と手法は異なる。

さらに、歴史学、民俗学、考古学などでは、それぞれの細かい専門分野がある。日本史で言えば、まず古代、中世、近世、近現代の時代に分かれ、その中でも中世は鎌倉、南北朝、室町、戦国と分かれ、それぞれの時代のなかで政治史か経済史かなどさらに細分化される。実は、個々の専門分野の最新研究を追うだけでも大変な労力で、ほかの学問領域までカバーしようとするのは至難の業なのだ。

網野氏は本書で「自分は民俗学については素人だ」という趣旨の発言をしているが、それにはそういう意味があると考えてよい。現実問題として、刊行される多くの分野の学術誌に目を通し、熟知するのは不可能である。それくらい学問の細分化は進んでいる。ゆえに、批判されるのは止む得ないところでもある。

私も網野氏に触発されて、民俗学などの本を読んだが、指導の先生からは「まずは歴史の勉強をしなさい」と窘（たしな）められた。楽しみで読む分には構わないが、二つも三つも学問分野はマスターできませんよ、ということだ。とはいえ、未だに私自身は歴史すらもマスターできていないのだから、情けない話である。

なぜ、網野氏には学際的な研究が可能だったのだろうか。網野氏は大学、大学院を経て、大学教授になるというアカデミックな道のりをストレートに進んだわけではない。大学卒業後に勤めたのは、財団法人日本常民文化研究所の月島分室である。もともと日本常民文化研究所は郷土玩具や民具を収集していたが、戦後は水産庁の委託を受けて、漁業関係の調査を行っていた。その後、網野氏は高校教諭に転職し、名古屋大学に助教授として迎えられたのは、昭和四十二（一九六七）年のことである。

網野史学は、日本常民文化研究所における経験や民俗学者との交流がベースになっている。その後も民俗学、考古学、国文学など、異分野の研究者との交流を欠かさなかった。網野史学は決して他人には真似ができない、特殊で一代限りのものと言ってしまうと怒られるだろうか。ただ、近年の日本史研究では、少しずつ学際的な共同研究が進んでいることを申し添えておきたい。

網野氏の真骨頂は単著だけでなく、本書のような対談にもある（『網野善彦対談集』岩波書店）。論文や著書にまとめてしまうと、どうしても書けないことがある。書けないことというのは、まだ推測・検討の段階にすぎず、確証がない構想の場合などである（推測と断って書くこともあるが）。しかし、対談になるとリラックスしたムード（本書の対談ではお酒が入った）のなかで、網野氏だけでなく各専門家が持つ知識やアイデアが巧みに引き出される。それが本書の魅力の一つでもあり、網野氏や対談相手（本書の場合は宮田登氏）の該博な知識、想像力、創造力、豊かな構想が至るところに提示されている。

ここで、対談相手の宮田登氏に触れておこう。宮田氏の専門は民俗学で、博士学位論文は『ミロク信仰の研究』（東京教育大学）。民俗学研究の第一人者で著作も多く、そのエッセンスは『宮田登　日本を語る』（吉川弘文館）に集成された。また、本書の主題に関連する書籍としては、『老人と子供の民俗学』（白水社）がある。宮田氏は筑波大学を退官後、日本常民文化研究所がある神奈川大学に請われて移るなど、網野氏の良き理解者で対談相手としてふさわしかったといえる。

もう一つの網野史学の魅力は、市井（しせい）の人に対する温かい眼差しだろう。ある意味で、歴史学は天下国家を語る学問である。むろん、村落史、芸能史などといった分野もあるが、政治史、経済史がメインであることは否めない。特に、古代、中世史で用いるのは、圧倒的に支配する側の史料である。史料的な制約がある中で、人々の暮らしや息遣いを探るのは極めて難しい。そのような状況のなかで、網野史学が時代の枠を超え、学問の枠を超え、解き明かしていくのは刺激的である。

たとえば、本書のなかでは女性と養蚕について触れられている。網野氏は女性が養蚕（ようさん）を行っていたことを示す史料は、鎌倉時代の古文書を集成した『鎌倉遺文』に四点くらいしか存在しないという。わずか四点の史料ではあまりに少なく、歴史学的に女性と養蚕について解明するのは絶望的である。しかし、民俗学的な発想を用いることにより、養蚕が女性の補助的な収入ではなく、貴重な収入源ではなかったかと網野氏は考える。そこから、中世における女性の重要な役割を解き明かすのは、誠に慧眼（けいがん）である。

歴史研究では史料が根本であり、史料がなければ研究ができない。しかし、史料がないから、歴史がなかったわけではない。民俗学、考古学、国文学の成果を巧みに援用することにより、突破口が開けてくる。網野史学は、その先駆なのである。

本書を読んで痛感するのは、既成学問の限界である。先述のとおり、日本史研究でも専門分化が進んでおり、同じ戦国時代であっても「甲斐武田氏のことは知っているが、薩摩島津氏のことはあまりわからない」ということも珍しくない。蛸壺のように深く掘り下げることは得意であるが、横への広がりに欠ける傾向が強い。そのような反省から、近年の災害史の研究に見られるように、歴史学と自然科学分野との共同研究が進んでいるのは重要な取り組みである。網野史学は、その先駆であるといえよう。

本書を通して、最後に私が申し上げたいのは「歴史はおもしろい」ということである。繰り返しになるが、歴史は有名人や有名な事件や城や刀だけではない。人々がどう生きてきたのかという根源的な問いがある。世間では「お宝」「一級史料」という言葉が飛び交っているが、まず足元の歴史を見直してほしいと思う。廃線になった鉄道、消滅した商店街、小さなお寺や神社にも歴史があるのだ。

現在、大学などの研究機関における人文系の学問は縮小傾向にあり、歴史学も同様である。歴史研究が生き残るためには、マスコミで珍説、奇説を披露しておもしろがらせる一過性のものではなく、人々が共感しうる学問でなくてはならないと思う。また、細かくマニアックな知識を覚えることでもないだろう。網野史学は、その大きなヒントになるのではないだろうか。

（わたなべ　だいもん／歴史学者）

本書の対談中、話題となっている時代背景の中で使われている言葉のうち、今日の人権意識に照らして、不適切であり、侮蔑的、差別的とも感じられる表現があります。著者二人に差別の意図はなく、また故人であることなどから、現在とは異なる当時の状況について意識を持って読んでいただきたくお願い申し上げます。

（朝日文庫編集部）